El "TIC.cero" que usted acaba de abrir se ha hecho con tecnología XML. ¿Y eso qué significa? Que tenemos preparado el libro que tiene en sus manos para convertirlo inmediatamente en un archivo sonoro para personas con discapacidades visuales, en una web o en un libro que pueda ser leído con dispositivos de tinta electrónica. Por esta razón, usted puede encontrar algún desajuste en la presentación formal de la obra.

Este es un pequeño secreto que queríamos compartir con nuestros lectores.

Empleo 2.0
(Edición actualizada)

Rosaura Alastruey

Diseño de la cubierta: Natàlia Serrano

Primera edición en lengua castellana: noviembre 2011

Rambla del Poblenou 156, 08018 Barcelona
www.editorialuoc.com
Realización editorial: El Ciervo 96, S.A.
Impresión:
ISBN: 978-84-9788-451-8
Depósito legal B.

Nuestro contrato

Este libro le interesará si quiere conocer:

- Qué cambios (¿permanentes?) está viviendo el mercado laboral.
- Cómo la Web 2.0 está revolucionando los procesos de selección.
- Qué (nuevas y aún bastante desconocidas) herramientas virtuales están a nuestra disposición.
- Cuáles son las innovadoras tendencias y recursos digitales que ya son una realidad en otros países.
- Qué (nuevo) vocabulario sobre el tema hay que empezar a conocer e incorporar a nuestro desarrollo profesional.

Índice de contenidos

¿Qué está pasando?

El mercado laboral está en pleno cambio. Y las estructuras tradicionales que lo sustentaban se han visto plenamente afectadas.

Todos sabemos desde hace tiempo que el «trabajo para toda la vida que tenían nuestros padres» ya (casi) no existe si exceptuamos algunos ejemplos muy claros que podemos tener en la cabeza; que hay un importante mercado oculto por el cual más del 80% de las ofertas de empleo ya no se cubren por los medios tradicionales, que tener una red de contactos (personal y profesional) se ha convertido en un importante aliado y en una herramienta de valor añadido, ahora más que nunca, para las carreras profesionales, las cuales parece que cada vez durarán más; que Internet y las nuevas tecnologías representadas actualmente por la fuerza y la interactividad de la más o menos conocida **Web 2.0** han empezado a introducir nuevas técnicas, herramientas y tendencias de selección, muchas de ellas, por no decir todas, con influencias claramente europeas y sobre todo, estadounidenses; y que una crisis (o incluso "revolución" como ya la han llamado algunos expertos) como la que estamos viviendo, capaz de acabar prácticamente con sectores profesionales enteros, está ayudando plenamente a este cambio.

¿Entonces? ¿Qué hay que hacer? Pues, como dice la famosa sentencia que suponemos ya conocéis: «renovarse o morir». Y para ello, lo primero es conocer y explorar esta nueva situación desde todos los puntos de vista. Y, por supuesto, conocer y dominar todo el nuevo lenguaje que le acompaña. Esperando que os resulte de utilidad, en el libro iréis viendo algunas de esas nuevas palabras destacadas **en negrita**. Su definición y descripción aparecen en el glosario final.

Por partes. Por un lado, tenemos al candidato, que tiene que empezar a entender que afortunadamente o desafortunadamente, todo depende de como se mire, se ha convertido en un producto con marca propia e incluso precio y, por tanto, hay que empezar a actuar como tal y dar (mucha) importancia a conceptos como la **etiqueta personal** que sirve para identificarnos profesionalmente y a su vez diferenciarnos de los demás y que resulta muy positivo y conveniente el poder tener una, o más, presentaciones personales breves, concisas, estratégicas, diferentes y si se puede impactantes; saber (o empezar) a trabajar nuestra posición o **identidad digital**, y el saber aprender a destacar y obtener mayor visibilidad. Y para hacerlo se dispone de un gran conjunto de herramientas virtuales de diferentes tipos que veremos detalladamente a lo largo de este libro. Unas herramientas que no son solo las **redes sociales-profesionales** de las que se habla tanto en estos momentos. Ellas son un elemento importante, pero hay muchos más.

En definitiva, un amplio concepto que es más aplicable si cabe a aquellos profesionales que además están en la línea de emprender su propia aventura empresarial y apostar plenamente por lo que podríamos llamar categoría del autoempleo.

Y por el otro, entender que los reclutadores también están empezando a aplicar cambios importantes en sus procesos de selección. Evidentemente, algunos más que otros, porque el *jet lag*, por decirlo de alguna manera, que existe en comparación con otros países es aún importante. Un dato para reflexionar: el 45% de las empresas internacionales ya usan Twitter para localizar "talento".

Asistimos, pues, a una situación peculiar que se caracteriza por una asumida y reconocida menor cantidad de ofertas de empleo frente a un gran aumento del número de candidatos para cada una de ellas. Y eso conlleva a la búsqueda de técnicas que: 1) sean más económicas que, por ejemplo, poner un anuncio en un medio offline o en una determinada bolsa de trabajo online; 2) que ahorren tiempo, porque ningún profesional de la selección es capaz de asumir, revisar y entrevistar a seiscientos candidatos, que puede ser el perfecto promedio que se recibe para una determinada oferta; 3) que introduzcan el valor de la recomendación, por lo que el concepto de la **intermediación laboral**, entre otros, empieza a adquirir relevancia; ó 4) que potencien al máximo las características del candidato, con lo cual la introducción de los elementos multimedia en las candidaturas como, por ejemplo, el vídeo o el audio, se está haciendo un hueco importante.

Y aunque en nuestro país, insistimos, esta evolución va a su propio ritmo, que nadie piense ya que es una simple moda del momento. Os invitamos a pararos un minuto y hacer una pequeña reflexión: ¿cómo suben las nuevas generaciones? Las ya llamadas «generaciones digitales» no conciben su existencia sin el uso de Internet y sus características conectoras y multimedia. Pues bien, son muy pocos los años que faltan para que ellas lleguen al mundo de la empresa y revolucionen definitivamente estos modelos.

INTERNET SIGUE SIENDO EL REY, PERO...

¿Dónde se busca actualmente el empleo? Aunque son diversos los recursos que se pueden utilizar (prensa, especializada o no, servicios territoriales de empleo, autocandidatura, etc.) hay una cosa cada vez más clara. Como avanzábamos antes, las ofertas se han reducido (y masificado) mucho. Sobre todo las que podemos considerar más «interesantes». ¿Y qué creéis que significa? Dejaremos que cada uno piense lo que quiera, pero creo que queda bastante claro. Y lo más importante quizás, además de que hay menos, es que éstas raramente llegan a los medios más convencionales.

El rey desde hace mucho tiempo es sin lugar a dudas Internet. Y son muchas las noticias que podemos leer sobre el predominio que la Red ha adquirido en los últimos años en todos los sentidos. Para muestra un botón y para titulares algunos como los siguientes estando los más actuales referenciados en la bibliografía: «El Inem fracasa: los parados usan sus contactos e Internet para buscar empleo» (*Expansion*, diciembre de 2010); «El 75% de los profesionales utiliza Internet para buscar empleo, según Infoempleo» (Europa Press, 30 de enero de 2009); «La búsqueda de empleo a través de Internet se dispara un 25% en España por la crisis, según Trovit» (Europa Press, enero de 2009); o «Internet es lugar idóneo para buscar empleo cualificado, según estudio» (*RRHH Digital*, 29 de noviembre de 2007).

Es una realidad absoluta y contrastada. Lo único que hay que tener en cuenta es que Internet ha dado un paso más con la llegada y sobre todo la popularización de la llamada Web 2.0, una nueva manera de entender la web que apuesta plenamente por la interactividad en la producción de contenidos y donde el usuario adquiere total protagonismo. Y ello también empieza a generar titulares como «Armas 2.0 para encontrar el empleo soñado» (*Expansion*, julio de 2011); o «Más del 50% de los españoles busca trabajo en las redes sociales» (*Pc Actual*, junio de 2011).

La Web 2.0, una nueva revolución y filosofía aún ¿desconocida?

¿Y qué es la Web 2.0? No es una nueva tecnología, no es un programa que debamos descargar e instalar en nuestros ordenadores y ni siquiera es un nuevo lenguaje de programación. Sin lugar a dudas, y aunque tecnología tiene detrás de ella, es el mayor cambio de mentalidad en el funcionamiento de Internet que hemos vivido desde su nacimiento en los años sesenta del siglo XX.

Antes de su llegada, aunque mejor llamarlo «creación», el usuario que navegaba por Internet y, más concretamente, por la **World Wide Web** de Tim Berners-Lee basada en el **hipertexto** tenía un papel totalmente pasivo. Básicamente, se dedicaba a consultar páginas web pero sin poder aportar prácticamente nada. Como mucho, el hecho de poder establecer contacto o enviar algún comentario a los responsables del *site* a través del formulario o dirección de correo electrónico dispuesto para ello. Y, además, las actualizaciones en las webs estaban solo en manos de empresas y profesionales especializados y se hacían normalmente muy complicadas y costosas. Este periodo, llamado evidentemente Web 1.0, se sitúa entre los años 1994 y 1997. ¿Lo recordáis? De hecho, si lo pensáis, no nos queda tan lejos y algunos quizás aún recordéis el característico sonido de los módems de 56 kbit/s que lo hacían posible.

A él, le siguió lo que algunos bautizaron como Web 1.5. Unos años en la vida de Internet, y más concretamente hasta 2003, en que se empezaron a introducir las bases de datos y la web se convirtió en dinámica. Algunos quizás lo recordarán y otros no, pero fue el momento de introducción de lenguajes como el **DHTML** o las **CSS**, que permitían por primera vez separar los aspectos de diseño y presentación gráfica del contenido en sí, con lo cual proporcionaban mucha más autonomía y flexibilidad al desarrollo y evolución de los *sites* que empezaron a estar en manos del usuario final.

En el año 2004, Tim O'Reilly, fundador y presidente de la empresa editorial norteamericana O'Reilly Media, presentó públicamente en una conferencia esta palabra que catalogaba una teóricamente nueva etapa de la web basada en la fuerza del usuario, la categorización de los contenidos en ***tags*** (también llamadas etiquetas o palabras clave) y la utilización de un conjunto de nuevas herramientas de carácter más social e interactivo, muchas de las cuales todos ya conocemos y posiblemente hemos incorporado a nuestro desarrollo personal y profesional como pueden ser, por ejemplo, los **blogs** y el ***microblogging***, los **wikis**, la **sindicación de contenidos** representada por las **RSS**, o las mismas redes sociales y profesionales. Un interesante conjunto de recursos en crecimiento constante que periódicamente se intenta clasificar y mostrar en un mapa visual. Aunque ya hemos visto algunos desde su nacimiento, la última versión conocida, realizada por Internality y la Fundación Orange, es de abril de 2010 y podéis verla representada en la figura 1.

Figura 1. Mapa Web 2.0 (versión abril 2010)

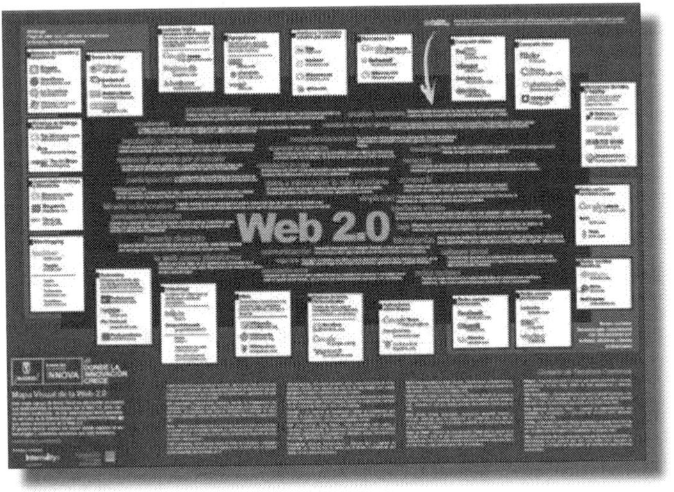

Esta web incluye lo que hace no tanto tiempo se presentó como una gran innovación y revolución, el **mundo virtual** de Second Life (http://secondlife.com). Creado y desarrollado por la compañía americana conocida como Linden Lab, nació en 2003 y se popularizó e internacionalizó y llegó a nuestro país a partir de finales de 2006 y principios de 2007. Si este tema, que realmente en su día llegó a ser todo un fenómeno digital aunque actualmente se habla de él más bien poco, os interesa más allá de esta pequeña referencia, en esta misma colección *TIC Cero*, concretamente en su número 8, podéis encontrar un título específico sobre Second Life.

Para poder acceder, se requiere un registro gratuito y disponer de un **avatar**. Y con la correspondiente habilidad y práctica, se pone a nuestro alcance un gran conjunto de posibilidades de todo tipo. En el ámbito empresarial se pueden ver sedes de empresas e instituciones, hacer negocios y, por supuesto, encontrar empleo. Y para ello, en su día, se llegaron a poner en marcha interesantes, pioneras y curiosas iniciativas como el Primer Foro Virtual organizado por el portal Infoempleo en octubre de 2007. Durante cinco días, los avatares de diecinueve compañías de ámbito nacional (entre las cuales estaban Acciona, Adecco, Banesto, Deloitte, Endesa, Jazztel, La Caixa o L'Oreal) acogieron, charlaron, recogieron los currículos y entrevistaron en la isla virtual creada a los más de cinco mil candidatos inscritos. Quizás la asimilación más directa, salvando las distancias, la encontramos ya en las innovadoras Ferias de Empleo virtuales. ¿Ejemplos? La de la UNED en marzo-abril de 2011 (http://www.uned.es/madrid-sur/pdfs/feria_virtual_empleo_uned.pdf) o la de EAE Business School en septiembre-octubre de 2011 (http://www.forodeempleoeacobs.com).

En definitiva, una palabra y un concepto este de la Web 2.0 que se está haciendo, día a día, un hueco importante en el sector de los recursos humanos. Estas empresas son ya muy conscientes de que no solo hay que adaptarse sino si es posible incluso avanzarse. Y que con los medios más tradicionales que ofrece Internet, como puede ser poner una oferta en una bolsa de empleo online o tener una web corporativa con las ofertas propias, ya no hay bastante.

Con expresiones como Reclutamiento 2.0, ya existen empresas españolas que hace tiempo apostaron directamente por esta nueva filosofía de actuación. Uno de los ejemplos nacionales más conocidos es el de la consultora tecnológica Capgemini (www.capgemini.es) que fue una de las primeras en utilizar proactivamente estas nuevas tecnologías sociales como método de innovación en el sector. Desde 2007, ha basado su estrategia de recursos humanos en tener presencia en las redes sociales y profesionales más utilizadas en Internet como canal de comunicación, de captación de (nuevo) talento y por supuesto de reclutamiento con, por ejemplo, grupos de debate de empleados y profesionales relacionados en las redes profesionales Xing y Linkedin, con un blog de recursos humanos (www.es.capgemini.com/blogs/recursoshumanos/) para informar tanto sobre nuevas tendencias en reclutamiento y selección como para que el profesional también tenga un punto de encuentro y comunicación, con una página corporativa en la red social Facebook con más de cuatro mil quinientos seguidores (octubre de 2011), con un canal de vídeo propio en el portal YouTube donde va colgando testimonios audiovisuales de los empleados, con una cuenta en Flickr donde podemos ver diferentes álbumes de sus actividades y con una cuenta específica en Twitter (http://twitter.com/capgemini_rrhh) con más de setecientos sesenta seguidores, la aún desconocida herramienta de *microblogging* que veremos después con todo lujo de detalles, donde publica, entre otras informaciones, mensajes cortos con las ofertas de empleo de la compañía.

Internet es infinito, pero nos incluye... cada vez más

Internet no tiene límites y lo sabe (prácticamente) todo sobre nosotros. Lo curioso es que muchas veces somos precisamente nosotros los que no estamos al día de la cantidad de información que puede llegar a volcar la Red sobre nuestra vida profesional (e incluso personal).

Os ponemos un ejemplo. ¿Qué se considera lo más normal del mundo cuando queremos establecer contacto con otra persona o empresa? Por supuesto, buscar información sobre ella, ¿no? A escala de emprendedor, es decir, en la categoría del autoempleo que después trataremos, se recomienda no asistir nunca a una reunión sin tener datos suficientes de la otra parte. Pero es más, incluso, en las mismas entrevistas de trabajo, es más que recomendable haber realizado una investigación previa sobre la empresa para la cual queremos llegar a trabajar (misión, visión, proyectos actuales y futuros, etc.) e incluso, actualmente y gracias a la tecnología de búsqueda disponible, sobre las personas en concreto de dicha organización. ¿Y por qué? Porque, ya se sabe, la información es poder. Y es la variable que mejor nos puede acercar a nuestro objetivo final, que en este caso sería el laboral.

Quizás lo que aún nos sorprende un poco es que seamos nosotros como candidatos los verdaderos protagonistas de esa información. Cada vez es más frecuente que la información que devuelve Internet en general y no solo a través de Google sea consultada y utilizada por los profesionales de la selección para informarse o incluso para llegar a descartar una candidatura.

Por poner un par de ejemplos. Según un estudio (de julio de 2011) realizado por la red de *networking* profesional Viadeo, de la que hablaremos luego, a más de dos mil directores de Recursos Humanos, un 64% afirma que suele consultar el perfil de los candidatos en las redes antes de realizar la entrevista. Pero lo más curioso quizás resulta ser el hecho que tres de cada diez afirman que han podido descartar a algunas personas por no tener presencia en este tipo de redes o, incluso, por disponer de un perfil pobre y poco actualizado. Y en el artículo de *Expansión* antes mencionado («Armas 2.0 para encontrar el empleo soñado»), en el cual se referencia un estudio de la aplicación web Jobvite se indica que casi el 90% de las empresas estadounidenses (cuidado, hay que tener en cuenta la diferencia con nuestro país) dicen que utilizan las referencias encontradas en estas redes para seleccionar personal. Más concretamente, por citar un apunte del informe, en el 43% de los casos usaron las referencias encontradas en Facebook, en el 41% las de Linkedin y en un 16% las de Twitter.

Los datos empiezan a estar ahí, pero también es cierto que no hay que obsesionarse. Hace un tiempo se indicaba que era mejor tener perfil abierto en todas las redes para poder ser localizado más fácilmente. Personalmente, siempre he sido de la opinión que más vale trabajar una... y a fondo si, por supuesto, «tus empresas» se mueven por ella. Hay que dedicarle tiempo pero de calidad.

Nuestra posición digital, un gran potencial por trabajar

Visto lo anterior, lo mejor es no negarse a esta (nueva) realidad y saber y aprender a utilizarla a nuestro favor. Para ir definiendo conceptos, y aunque este no es un libro específicamente sobre el tema, hay que tener claro que la recopilación de toda esa información que Internet «tiene (o puede llegar a encontrar)» sobre nosotros recibe el nombre de identidad o posición digital. E incluso, lo hemos visto denominado como «rastro digital».

La pregunta que deberíamos hacernos ahora es la siguiente, ¿tenemos ya esa identidad digital profesional creada? Lo más curioso es que no podemos responder a ello si no lo hemos comprobado específicamente, porque podemos tenerla sin nosotros incluso saberlo. Son muchos los ejemplos de este tipo que nos encontramos en nuestras clases. Aún recuerdo el de una persona que me contó que se había presentado a las oposiciones del ayuntamiento de su ciudad y con el tiempo, después de no haber pasado todas las pruebas, «descubrió» este concepto, hizo la prueba y encontró que la primera referencia que aparecía en la Red era nada más y nada menos que el hecho de ser morosa por esa misma entidad pública. Tampoco hay que exagerar y seguramente no fue ese el motivo por el que se la descartó al final, pero reflexionad un poco, ¿pudo actuar contra ella de algún modo?

Y para que veáis que esta tendencia también llega a la otra parte, la de los seleccionadores, dejad que os comente otro caso. Una alumna nuestra nos explicaba que se quedó un poco descolocada ante la última pregunta que le hicieron en una entrevista de trabajo. Esperando que todo el mundo lo entienda, personalmente en ese momento pensé en la pregunta «más normal y estadística» que se conoce. Os pongo en situación, era una mujer de unos treinta años. ¿Cuál creéis que fue? ¿La típica de «estás casada, tienes hijos o quieres tenerlos»? Porque si es así, os equivocáis igual que lo hice yo en aquel momento. La última pregunta que le hicieron fue: ¿tienes posición digital? Que «traducido» sería: ¿si pongo tu nombre en Google, qué información voy a obtener?

Así pues, antes de seguir y si no lo habéis hecho ya, os animamos a hacer una prueba muy sencilla y rápida. Abrid un navegador de Internet y cargar una herramienta de búsqueda como puede ser Google, que aunque ya hemos dicho que no es la única, sí que es cierto que es la más extendida en nuestro país, o utilizad incluso alguno de los llamados «buscadores de personas» como 123people (www.123people.es) o kgbpeople (http://es.kgbpeople.com). Y en la barra de navegación, introducid vuestro nombre y apellidos. Primero con un solo apellido e incluso luego con los dos ya que las referencias encontradas pueden variar. Primero sin comillas y luego repetid la operación con comillas. ¿Conocéis la diferencia? ¿Sabéis que es un tema de ajustar los resultados obtenidos, no? ¿Y cuál ha sido ese resultado? ¿Todo en orden? ¿Cómo estáis mejor posicionados, con un apellido o con dos? ¿Alguna sorpresa inesperada? ¿Algún **homónimo** en la Red? Los resultados obtenidos dependerán evidentemente de si nuestro nombre y apellido(s) son más o menos comunes y de si ya tenemos registrada alguna actividad digital previa.

En definitiva, si como decíamos antes, es bueno y necesario que la Red aporte información sobre nuestras trayectorias profesionales, que seamos nosotros los que la controlemos y trabajemos. La mentalidad que llega se basa en la siguiente frase: «si no estás en Google no existes» ¿Exagerado? Quizás en España aún si. Bueno, entonces digámoslo de otra manera: «si estás en Google tienes más posibilidades». Y desde hace un par de años, lo que si podemos decir es que esta frase es una verdadera realidad en el mundo laboral. En este libro, veremos un gran conjunto de herramientas virtuales de diferentes tipos que nos ayudan en esta, para algunos novedosa y continuada, tarea.

Hay que conocer, pero sobre todo seleccionar

Antes de pasar a las herramientas propiamente dichas que dividiremos en dos grupos, las que podemos considerar de promoción (¿venta?) profesional y las utilizadas para la búsqueda de ofertas de empleo, hay que hacer una pequeña reflexión. Todo este mundo evoluciona a una velocidad de vértigo y resulta prácticamente imposible estar al día. Ni siquiera a los profesionales que nos dedicamos a ello nos resulta fácil estarlo.

El día tiene veinticuatro horas y no todas las dedicamos afortunadamente al trabajo o a la búsqueda de empleo, ya sea para encontrar uno o para mejorar el actual. Nuestro consejo desde estas líneas es que tras conocer las diferentes posibilidades existentes, y teniendo siempre en cuenta que son sólo una pequeña muestra de todo lo que hay, por la limitada extensión del libro que cada uno se trace una estrategia de actuación personal y realice su propia selección en función de sus propias necesidades. Y a partir de aquí le dedique sus esfuerzos a cultivar aquellas que considere que le pueden aportar más rendimiento. Sinceramente, no vale la pena copiar. Y tampoco resulta viable preguntar cuál es la mejor, porque realmente no la hay. Todo dependerá de nuestro objetivo profesional y de la visión y posicionamiento de las empresas donde queramos ser «visibles». Lo único que está claro es que todas ellas necesitan una importante inversión de tiempo y a veces, incluso de recursos, para que sean efectivas. Las últimas estadísticas ya indican que entre una hora y dos sobre todo en las primeras fases. Realmente es mejor seleccionar y hacerlo estratégicamente. Pensad que esta tarea de mejora y actualización constante es además muy valorada cuando alguien, sobre todo del «otro lado», ya me entendéis, quiere saber más sobre nosotros.

HERRAMIENTAS VIRTUALES DE PROMOCIÓN PROFESIONAL

Dos son principalmente los elementos que acompañan nuestra vida laboral y que nos sirven para resumir toda nuestra experiencia y trayectoria profesional. Sin duda, estamos hablando del *curriculum vitae* y de la entrevista de trabajo. Unos elementos que, por supuesto, también se han visto actualizados, reforzados y potenciados por las nuevas tecnologías.

El conjunto de herramientas virtuales que os presentamos y describimos a continuación, la mayoría aún de carácter internacional aunque ya podemos indicar en voz bien alta que tenemos algunas con sello nacional, son actualmente y en su mayoría un método muy económico de estar plenamente al día, demostrar esa necesaria capacitación digital que ya se empieza a pedir y sobre todo dejar constancia explícita de esa «anticipación» a las mismas ofertas que se traduce en la captación del llamado talento.

Una de las teorías que encierran este nuevo mercado laboral es que estamos pasando del «mercado del trabajo» (oferta=candidatura) al «mercado del talento» (demostrar el valor profesional incluso antes de que exista una oferta). Un simple ejemplo vivido en primera persona. Mi profesión, aún bastante desconocida en este país, es la de *networker* o, lo que es lo mismo, la difusión de la estratégica disciplina del *networking* profesional (bien hecho) que se basa en la construcción y el cultivo de redes de contactos (¡ah! Si queréis profundizar sobre el tema, os recomiendo nuestro otro libro titulado El *networking*, disponible en una edición actualizada en esta misma colección *TIC Cero*). Pues bien, cuando me presento indico que «me dedico a conocer y conectar personas interesantes» y eso ciertas empresas lo tienen ya muy en cuenta. A veces recibo llamadas donde se reproduce lo que yo llamo la «frase mágica»: ¿conoces a alguien que…? Una de esas llamadas se produjo hace un tiempo a través de la cual una empresa me solicitaba un determinado perfil profesional pero añadiendo al final «pero sobre todo, qué esté implicado». ¿Alguno de vosotros me sabe indicar cómo se puede averiguar solo mirando un *curriculum vitae* convencional si esa persona en la que piensas está implicada? No creo que resulte fácil ¿no? ¿Y qué puedes utilizar? Pues otros elementos clave que pueden basarse en conocimientos previos de la persona o en herramientas virtuales. Un dato que lo corrobora de nuevo. En el estudio que Adecco Professional publicó en marzo de 2010 y que tenéis referenciado en la bibliografía final, se indica que un 26% de los profesionales de Recursos Humanos muestra interés por encontrar un blog (profesional) del candidato.

El *curriculum vitae*, páginas web para darle protagonismo absoluto

Todos sabemos que nuestro *curriculum vitae* sigue siendo la mejor carta de presentación laboral. Y para ello, dedicamos tiempo y esfuerzo en tenerlo actualizado e incluso adaptado a varios formatos para poder responder adecuadamente a cualquier oferta que sea de nuestro interés.

Con Internet, este documento personal adquiere vida propia y se convierte en un elemento más vivo que nunca. Suponemos que muchos de los lectores ya saben de lo que estamos hablando, porque ya lo tienen en la Red a través de una (o más) de las tradicionales bolsas de trabajo online, también llamados portales de empleo. Ejemplos hay muchos, y aunque en este libro no vamos a poder hacer referencia a ellas, sí que vale la pena mencionar sucintamente las más conocidas como InfoJobs (www.infojobs.net), ubicada en Barcelona, e Infoempleo (www.infoempleo.com), con sede en Madrid. Precisamente, este último ha ido incorporando desde noviembre de 2007, momento en que se presentó su nuevo portal (ver artículo en bibliografía: "Infoempleo 2.0, un escaparate para el talento profesional"), diferentes funcionalidades 2.0. La última y aún poco explotada, en septiembre de 2011, es la llamada Tuiempleo (http://tuiempleo.infoempleo.com) que permite recibir en tiempo real en la cuenta de Twitter sólo aquellas ofertas generadas por el portal que más se ajusten a nuestras preferencias (provincia, área y subárea).

Pero avanzando un poco más a lo que se llama ya ***curriculum vitae* 2.0**, debemos mirar hacia otro tipo de herramientas que son complementarias. Y entre ellas encontramos aquellas que desde un principio nacen con la función específica de alojar el *curriculum vitae* y enriquecerlo con elementos plenamente dedicados a su promoción. ¿Y qué nos ofrecen? Muchas cosas pero podemos destacar el hecho de disponer de una dirección web (también llamada **URL**) propia y específica que incluso, a veces, puede personalizarse, siendo más importante sobre todo que la utilicemos *a posteriori* en cualquier tipo de documento laboral que generemos, el dotarlo de un aspecto más profesional a través de las múltiples plantillas disponibles sin tener que diseñarlas nosotros, el mejorarlo a través de las opiniones directas de nuestro círculo o red de contactos, la incorporación de vídeo y audio, la exportación a otros formatos más conocidos como Word y PDF con solo pulsar un botón, o la instalación de ***widgets***. Unas herramientas que todos debemos valorar o decidir utilizar dado que pueden suponer un perfecto complemento y aliado hasta ahora quizás inexistente y ciertamente muy buscado para aquellas personas con profesiones consideradas más creativas, que necesitan disponer de más espacio y utilidades para mostrar las diferentes modalidades de su trabajo, vamos, lo que comúnmente se conoce como portafolio.

¿Y qué ejemplos podemos destacar? Como decíamos antes, la mayoría de ellos son de origen internacional y están aún sólo en inglés con, como mucho, alguna versión adaptada al castellano, hecho que se nota explícitamente en su traducción y en los campos utilizados. La lista de herramientas disponibles es realmente interesante y cada vez más extensa, ya que frecuentemente la Red nos sorprende con nuevas incorporaciones. Aquí nos basaremos en la presentación detallada de cuatro de ellas, pudiendo incorporar ya una de creación reciente y de raíz totalmente española. Para hacer honor a la verdad, hay que puntualizar, como veremos luego, que ya han existido otras que desafortunadamente no han logrado sobrevivir al paso del tiempo. Y al final del apartado, y por si ninguna de ellas os convence, una pequeña lista de otras posibilidades relacionadas quizás menos conocidas pero igualmente válidas.

Easy–CV

Aplicación virtual creada por la empresa francesa especializada en soluciones de reclutamiento a través de la web y el móvil Recrutae en 1999 que nos ofrece más de doscientas plantillas y colores distintos para darle forma a nuestro *curriculum vitae* en la web y tenerlo, como ellos mismos indican, «disponible 24/7 en cualquier parte del mundo». Con más de trescientos mil creados, su web, en la versión traducida al castellano y cuya página principal, que vemos reflejada en la figura 2, es www.easy–cv.es.

Figura 2. Página principal de Easy-CV

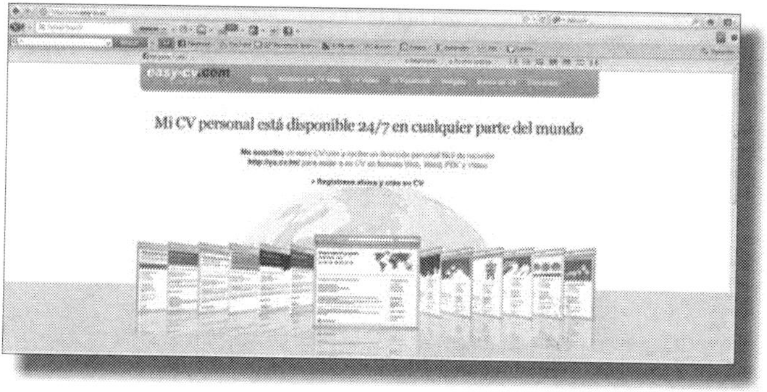

Los candidatos pueden consultar y utilizar la web en siete idiomas (francés, inglés, holandés, portugués, alemán, italiano y español), aunque hay que precisar que la versión original francesa incorpora más opciones que el resto. Entre ellas y como ejemplo:

1. Ofertas de empleo de unos veinticinco sectores profesionales y unas veinte regiones francesas.
2. Directorio de empresas que apuestan por la herramienta presente en más de treinta países, incluido España.
3. Modelos de cartas de presentación, algunas también en castellano, pero solo visibles desde ahí.
4. Blog de la web que proporciona noticias sobre la actualidad laboral, da consejos, publica entrevistas e informa sobre nuevas tendencias.

Tras un fácil registro gratuito en dos pasos básicos, el sistema nos proporciona una dirección o subdominio web que nosotros mismos podemos personalizar en ese mismo momento. El formato utilizado es siempre sin el «www» característico y siguiendo la siguiente estructura: <http:// palabra–seleccionada.cv.fm> y asignando terminación específica (/es) según idioma de base seleccionado. Una vez concluido este primer paso básico, el sistema nos ofrece cuatro posibilidades para trabajar nuestro currículo que vienen a referenciar cuatro grandes modalidades: completar, personalizar, compartir y comunicar.

Durante el proceso de creación online, nuestro *curriculum vitae* puede ser previsualizado y también exportado a otros formatos para ser adjuntado de manera más tradicional. Igualmente, en la versión francesa encontraremos más plantillas, consejos y dosieres para redactarlo en formato papel, aunque esto pueda llegar a parecer contradictorio. En definitiva, cabe suponer que todo ayuda a nuestra promoción laboral.

Como elemento curioso, hay que comentar que en las otras versiones de idioma, entre ellas la española, se incorporan interesantes elementos de promoción 2.0 como puede ser la integración del documento a través de una aplicación específica en nuestro perfil de Facebook (si lo tenemos creado ya) o la utilización de *widgets* que le darán mayor visibilidad en la Red. Eso sí, pudiendo controlar en todo momento el nivel de privacidad deseado aunque bajo nuestro punto de vista se debería profundizar un poco más en este aspecto. Y también apuesta por el complemento de la grabación de un vídeo de tres minutos fragmentado a través de la descarga de un pequeño programa y la posterior utilización de webcam y micrófono.

¿Os encaja esta herramienta virtual laboral para vuestras necesidades profesionales? ¿Sí o no? Antes de decidir, lo más recomendable es darse una vuelta por la aplicación e incluso probarla con un primer registro básico. Y por supuesto, seguir leyendo, ya que a continuación os mostramos algunas otras de las que actualmente se están utilizando. Y cada una de ellas tiene sus propias características diferenciales.

VisualCV

Iniciativa empresarial estadounidense ubicada en Reston, Virginia y cofundada por Philip Merrick, apuesta por la creación de un currículo online «enriquecido» (que si me permitís, a algunos nos recordará enseguida el famoso eslogan de un conocido caldo de pollo: «cueces o enriqueces» y lo que ello realmente significaba). Su web, cuya página principal aparece en la figura 3, es www.visualcv.com.

Figura 3. Página principal de VisualCV

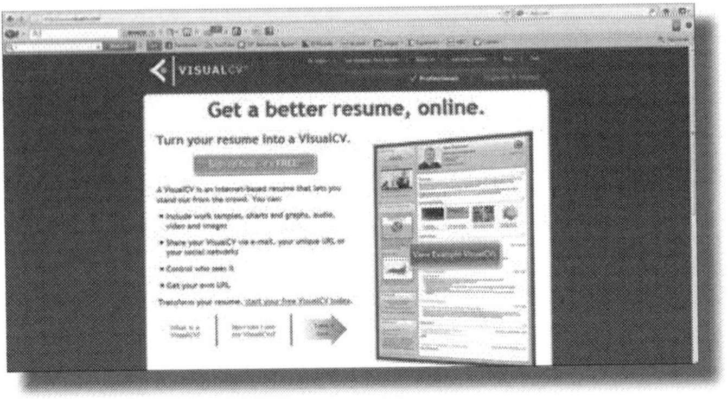

Aunque de momento solo está en inglés, incorpora un claro valor diferencial que sin lugar a dudas está muy relacionado con la palabra «enriquecido» en la que basa su presentación. ¿Cuál creéis que es? Se trata de la posibilidad de incluir o adjuntar un completo portafolio en una sola página con la información curricular básica y, por tanto, disponerla de un único vistazo, con posibles muestras de trabajo en formato de imágenes, gráficos, vídeo e incluso audio a través de múltiples aplicativos. Su lema es «crear, enriquecer, compartir y avanzar».

Una vez finalizado y publicado el *curriculum vitae* se dispone de opciones adicionales y complementarias tanto para promocionarlo en otros entornos como para poder incorporarlo, incluso con foto, a vuestra firma de correo electrónico.

Otra especial diferencia es que se dirige a tres tipos de públicos. En VisualCV no solo tienen cabida los profesionales y reclutadores que ya tienen en cuenta otros *sites* de este tipo, sino también los estudiantes y alumnos, hecho que se refleja en su página específica de inicio y que podéis ver en la figura 4.

Figura 4. Página de VisualCV accediendo como Estudiante / Alumno

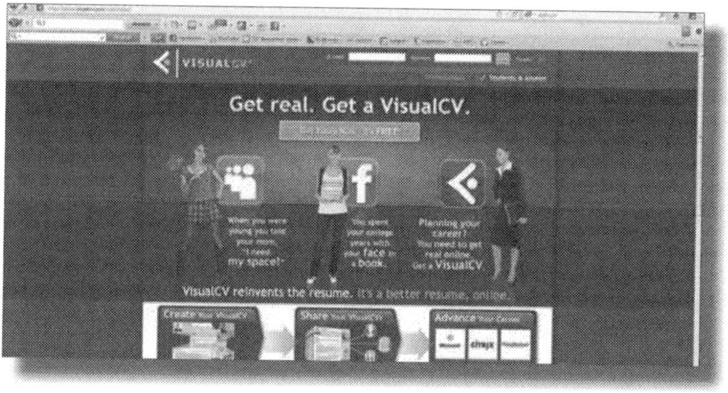

Su currículo virtual permite la inclusión de elementos propios de su momento vital como proyectos de clase, valoraciones, notas, recomendaciones de profesores, etc. Y todo ello con el objetivo de ofrecer una herramienta laboral virtual que les permita empezar a destacar mucho antes de incorporarse realmente al mercado profesional. Una nueva muestra muy relacionada con la importancia de crearse una posición profesional lo antes posible que aún refleja las diferencias de mentalidad existentes con otros países, en los cuales, el currículo empieza a construirse «mucho antes» y resulta tan importante el de tipo académico y curricular como el de experiencias «vitales y profesionales». Aunque pueda aún parecer un poco extraño, y según me comentaba una persona de una gran empresa periodística hace un tiempo, esto también empieza a ser importante aquí. Y por ello, hay que empezar a trabajar estas herramientas y dotarlas de contenido actualizable lo antes posible.

Este resumen multimedia, como ellos le llaman, se consigue después de la realización de un registro básico gratuito y la inclusión de toda la información. Y se puede consultar también a través de una dirección web propia y con opciones de privacidad (muy) configurables. Entre otras opciones, somos nosotros quienes decidimos en todo momento quién puede ver ese currículo, ya sea todo el mundo *(everyone)*, gente con quien yo comparto *(people I share with)*, solo yo *(only me)* o incluso nadie *(anyone)*. El formato utilizado para ver el resultado final, en este caso, es el siguiente: www.visualcv.com/palabraasignada.

Aunque no tenemos constancia de su número total de usuarios, pues este es un dato que —según nos comentaron sus responsables— no revelan, sí podemos decir que la mayoría de ellos son de momento estadounidenses. Un elemento, claro está, que hay que tener en cuenta en función de cuál sea nuestro ámbito profesional de actuación. No obstante, sí que es verdad que nuestro país ya tiene en estos momentos una interesante quinta posición en lo referente a otros países después de los Estados Unidos.

Como muchos de vosotros posiblemente ya sabréis, registrarse en estas aplicaciones suele ser fácil y rápido, al menos en los primeros pasos que nos dan acceso. Pero el completar (y mantener actualizado) ese perfil virtual es posiblemente lo que se nos hace más costoso y nos supone una mayor inversión de tiempo. Para intentar facilitarlo un poco, VisualCV trabaja directamente con Linkedin, la red de *networking* profesional internacional con mayor número de usuarios que veremos después, ofreciendo de este modo la posibilidad de importar directamente ese perfil y ahorrar el trabajo de teclear de nuevo toda esa información. ¿Qué os parece? ¿Puede resultaros interesante? Nuevamente, valorad antes de decidiros.

Es destacable comentar que también incorpora la posibilidad de llevar el curriculo a redes sociales como Facebook y Twitter y/o compartirlo con otros profesionales registrados. Tiene también bolsa de empleo aunque con ofertas mayoritariamente focalizadas aún en los Estados Unidos.

Razumé

La filosofía que defiende esta nueva aplicación virtual disponible igualmente solo en inglés es la de llegar a tener en la Web el *curriculum vitae* perfecto. ¿Y cómo creéis que se puede llegar a conseguir esa perfección? ¿Realmente existe?

Ciertamente es un objetivo ambicioso. De origen nuevamente estadounidense y ubicada en Washington, Razumé está en marcha desde el año 2007 y apuesta por incorporar el *feedback* que pueden ofrecer a nuestro resumen laboral personas conocidas y de confianza a través de notas y observaciones dinámicas que sirvan para mejorarlo antes y después de su publicación online.

Figura 5. Página principal de Razumé

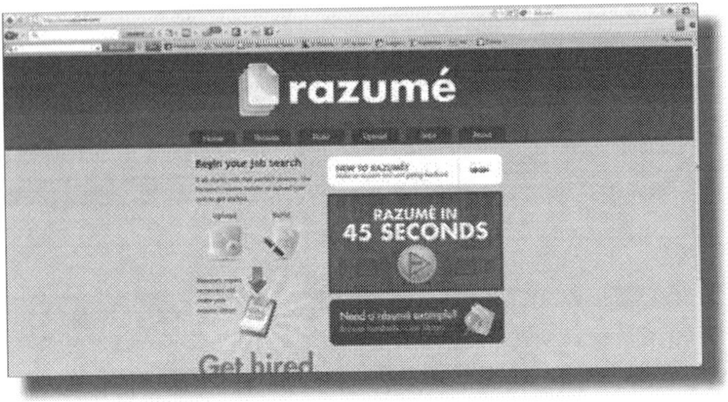

La utilización de sus servicios es gratuita, de momento. Y todo empieza con un registro básico en muy pocos pasos. Durante ese proceso, esta aplicación nos permite, a diferencia de las otras, construir desde cero nuestro currículo o importarlo directamente en formato Word o PDF.

En estos momentos dispone de más de seis mil doscientos documentos, la mayoría de ellos de origen internacional. En un futuro próximo, indican que mejorarán el servicio con una versión ***premium*** y la inclusión de los *resume expert*, prescriptores profesionales con privilegios especiales. Si queréis probarla, su web de acceso, cuya página principal podéis ver en la figura 5, es www.razume.com.

Mycvbook

No queríamos cerrar este primer apartado sin hablar de una nueva herramienta de este tipo con origen plenamente nacional. ¿Es la primera? Pues la verdad es que no. Como hemos indicado antes, ya ha habido alguna otra como SmartCV.org de la que hablamos específicamente en la primera edición del libro (en noviembre de 2009) o incluso remontándonos en el tiempo, Jobgraphy, creada por Pau Casas en el verano de 2008.

Mycvbook ha sido creada por Francesc Candel y salió en producción (fase I) en abril de 2011 después de estar casi un año en desarrollo. Se definen como «la red profesional de empleo definitiva» y permite crear el *curriculum online* pero apostando por potenciar la marca personal ya que uno de sus objetivos es crear (y potenciar) la comunidad entre usuarios y posteriormente entre usuarios y empresas. Una de las principales diferencias que aporta es la inclusión explícita de las competencias profesionales que cuenta con un listado propio y campo abierto para incluir de nuevas. Su web de acceso, cuya página principal aparece en la figura 6 es www.mycvbook.com.

Figura 6. Página principal de Mycvbook

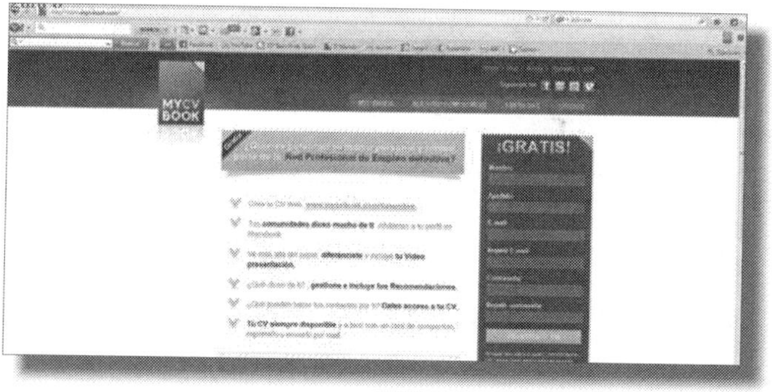

El proceso de creación del currículo se inicia, como siempre, con un registro gratuito, en este caso, desde la misma página principal para el cual dispondremos de un asistente en todo momento. Además, la introducción de dichos datos se realiza bajo entorno seguro (https). La aplicación ofrece la posibilidad de disponer de diferentes modelos de currículo asociados, incorporar recomendaciones tanto internas como externas, asociar una videopresentación de minuto y medio y seleccionar entre cuatro niveles de privacidad (público, privado, tus contactos, empresas). Además, el sistema ofrece una dirección web específica bajo el formato www.mycvbook.com/nombreapellido.

Aunque actualmente se encuentran en plena fase de promoción y crecimiento (octubre 2011), ya son mil doscientas las personas que están registradas. Y este año la suscripción anual (fijada en un euro) es totalmente gratuita. Su futuro, según indica su creador, pasa por acercar la aplicación a las empresas y convertirse un poco en el archivo definitivo interno con funcionalidades adicionales que aún no ofrecen las principales redes sociales como la posible inclusión de sistema de contraseñas, aplicativo de chat para dialogar directamente con el posible candidato y realización de pruebas online. Próximamente también está previsto que se convierta en multilengua y se pueda consultar también en inglés, francés, alemán y portugués.

¿Otras posibilidades? Una larga lista en constante actualización

En un libro tan pequeño como este resultaría imposible hablar de todas las aplicaciones web que permiten subir nuestro currículo de forma diferente y enriquecida a la web. Sin ir más lejos, los mismos portales considerados tradicionales se reinventan y ofrecen nuevas funcionalidades.

¿Algunos ejemplos? Pues sí. Infoempleo puso en marcha en el 2010 un servicio para convertir la información del típico formulario de registro en una página web mucho más visual. Igualmente, desde junio de 2011 ha renovado su interface dejándola mucho más limpia e intuitiva y permitiendo conectar la cuenta con las principales redes sociales-profesionales (Facebook, Linkedin, Twitter).

Por su parte Infojobs introdujo, de momento, en **versión beta** en mayo de 2011 el llamado CV visual para convertir toda la información en un mapa o **infografía** visual. Esta propuesta ha sido posible gracias a la colaboración con la empresa especializada en soluciones web ASPgems y persigue la máxima de que es mejor «ver que leer». Apuesta por un *curriculum vitae* más rápido, intuitivo, inteligente y atractivo. Un resumen de la experiencia presentada lo podréis encontrar en esta página http://cvvisual.trabajo.infojobs.net/. En esta misma línea, en julio de 2011 aparece la aplicación cvgram.me que permite transformar nuestro perfil profesional de la red Linkedin en un diagrama visual que incorpora una línea del tiempo y destaca las competencias y los años de experiencia. Aunque recomendamos trabajarlo un poco tras su creación original, está claro que aporta nuevamente una manera «diferente» de visualizar un *curriculum vitae*. Su web de acceso, cuya página principal podéis ver en la figura 7, es http://cvgram.me.

Figura 7. Página principal de cvgram.me

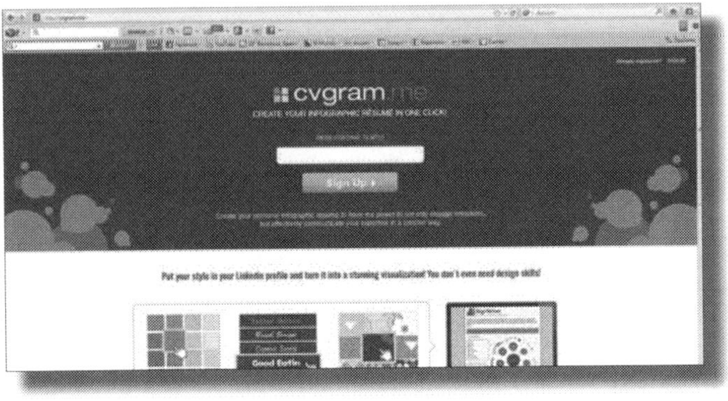

Y por supuesto, otras páginas web relacionadas, cada una de ellas apostando por un elemento diferente las encontramos con:

- Express–CV (www.express–cv.com). Iniciativa argentina desarrollada por el diseñador y desarrollador web Matías Cruz. Puesta en marcha en enero de 2011, permite construir el currículo con el formato Europass, oficial para trabajar en la Unión Europea. Es de uso gratuito y también está en versión beta. Con unos dos mil quinientos usuarios registrados, la mayoría de ellos están ubicados en España (con seiscientos candidatos), Argentina y México.
- PdfCV (http://pdfcv.com). Aplicación web gratuita creada por el desarrollador web de origen inglés Tadas Tamošauskas que basa su

fuerza en tres sencillos pasos: 1) introducción o importación (de los perfiles de las redes sociales) de la información necesaria para crear el currículo; 2) selección de plantilla; y 3) descarga de Pdf creado. Está llegando a los ocho mil archivos creados en ciento veinte países, de los cuales, según nos indican, hay unos cuatrocientos usuarios españoles y alrededor de seiscientos más de otros países de habla hispana como México y Argentina.

La entrevista de trabajo, *sites* para trabajarla y practicarla

La prueba final en todo proceso de selección sigue siendo la temida entrevista de trabajo. Son muchos los consejos y artículos que ya existen para afrontar mejor y a poder ser con éxito este definitivo «cara a cara» con nuestro interlocutor.

Dado que todos nosotros seguramente ya hemos hecho alguna durante nuestra trayectoria profesional, ya sabemos que quizás lo más importante es causar una primera buena impresión, porque ya lo dice la sentencia, «no hay una segunda oportunidad para causar una primera impresión». Para conseguirlo hay que cuidar y tener en cuenta muchos elementos relacionados con el discurso, el lenguaje no verbal y nuestra imagen personal. Entre ellos, y sobre todo en la comunicación verbal, siempre nos recomiendan, por ejemplo, responder a las preguntas de una manera clara y concisa, potenciar, pero sin mentir o exagerar, aquellos aspectos más relevantes de nuestra etapa formativa y de otras experiencias laborales, mostrar dominio de lo que estamos diciendo pero sin ser prepotente, etc.

Pero por mucho que nos queramos preparar, sigue siendo en gran medida un acto de improvisación, porque nunca podemos llegar a conocer las preguntas reales que el entrevistador nos va a hacer. Actualmente, Internet nos ofrece algunas herramientas online que nos ayudan a practicar, trabajar y enviar, en formato texto o vídeo, esta llamada «prueba de fuego». Herramientas con diferentes orígenes en cuanto a su creación se refiere pero que ya han llegado a los dos lados del proceso de selección y que no hacen más que llevar a Internet algo que algunas consultoras de Recursos Humanos como la pionera Catenon (www.catenon.com/ES) ya utilizan desde hace tiempo, y más concretamente desde el año 2000, en el llamado entorno físico presencial.

Whohub

Curiosa aplicación virtual creada en julio de 2008 por el emprendedor catalán Sisco Sánchez que está ubicada en Miami. Aunque su objetivo, como ellos mismos indican en su web, es el de desarrollar «una red social entre personas de profesiones creativas, basada en su capacidad de autoexpresión y colaboración», se ha convertido realmente en un interesante repositorio de entrevistas profesionales desarrolladas por escrito. Su web de acceso, cuya página principal se refleja en la figura 8, es www.whohub.com.

Figura 8. Página principal de Whohub

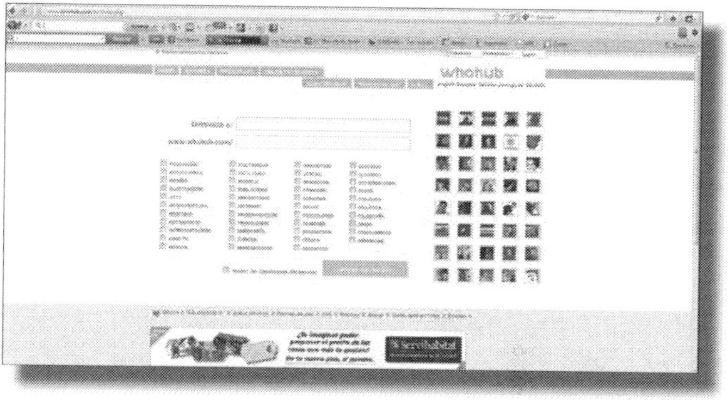

Consultable en seis idiomas (español, inglés, francés, italiano, portugués y alemán), en Whohub tienen cabida profesionales de ámbitos tan variados como la creatividad, el diseño, el interiorismo, la ilustración, el arte, la arquitectura, la escritura, la fotografía, la interpretación, el cine y la televisión, la música, el desarrollo multimedia, el estilismo, la publicidad, el periodismo, Internet, la programación, la tecnología, la ingeniería, la ciencia, el espíritu empresarial, el marketing, los negocios, la salud, la psicología, la armonía, la educación, el *coaching*, los deportes, la cocina o la blogosfera. Sus más de ochenta y cinco mil seiscientas entrevistas disponibles en el momento de escribir estas líneas (octubre 2011) son una muestra importante de su creciente utilización progresiva. Además, su ritmo de crecimiento a más de mil entrevistas por mes no deja de sorprender. Dispone de centros de datos en Chicago, Illinois, Estados Unidos, y en Maidenhead, Berkshire, en el Reino Unido.

Se basa en la utilización de la entrevista personal autoconstruida como mejor manera para darse a conocer a otros profesionales o incluso a posibles reclutadores, ya que el sistema no solo te permite crear y alojar gratuitamente tu entrevista sino que además te ofrece optimización en buscadores y, por tanto, un *ítem* de la necesaria identidad digital de la que ya hemos hablado antes. También ofrece la posibilidad de difundirla a través de algunas de las herramientas de la Web 2.0 más conocidas, como Facebook, Twitter, Linkedin o MySpace.

¿Y cómo funciona? Hay que registrarse previamente. Todos los datos necesarios se solicitan en un único paso. Una vez realizado, se accede a la sección de preguntas, que está dividida en dos grandes grupos temáticos. Por un lado, las relacionadas con las diferentes especialidades profesionales contempladas inicialmente en la web, donde se encuentran más de treinta categorías diferentes como por ejemplo «profesión», «creatividad», «diseño», «escribir», «interpretación», «estilismo», «publicidad», «periodismo», «tecnología», «negocios», «salud» o «educación». E incluso una curiosa categoría que profesionaliza el hecho de ser «emprendedor». Y por el otro, los bloques que se utilizan, si se desea, para complementar la entrevista, y que tienen relación, entre otras, con «personalidad», «ideas», «cultura», «política» y «filosofía». Podemos ver algún ejemplo de estas preguntas en la figura 9.

Figura 9. Muestra de algunas de las preguntas existentes en Whohub

CATEGORÍAS	PREGUNTA EJEMPLO
PROFESIÓN	¿A qué te dedicas? ¿Qué dice tu tarjeta de visita bajo tu nombre?

CREATIVIDAD	¿Cómo se vende una idea?
ESCRIBIR	¿En qué proyecto estás trabajando ahora?
INTERNET	¿Qué es para ti lo más interesante del fenómeno Web 2.0?
EMPRENDEDOR	¿Cómo nació el espíritu emprendedor en ti? ¿Había algo de eso en tu familia o en el ambiente social en el que has crecido?
PERSONALIDAD	¿Cuál es la mejor noticia que has visto publicada en tu vida?
IDEAS	¿Crees que es cierto eso de que apenas usamos un 10% del potencial del cerebro humano?
POLÍTICA	La alta abstención ¿es un problema grave para las democracias?

La selección de preguntas, que es editable en todo momento y se categoriza por bloques, debe realizarse de manera estratégica y ajustarse a nuestras necesidades profesionales actuales. Ni mucho menos se trata de incorporar todas las existentes ni, por supuesto, que tampoco todas sean del mismo bloque temático. Además, cada una de ellas tiene dos botones, uno para «ver» y otro para «responder», hecho que nos permite consultar, incluso antes de dar nuestra respuesta, cómo lo han hecho ya otros profesionales de nuestro mismo ámbito. Una vez incorporadas podemos eliminarlas sin problemas simplemente borrando su contenido.

Al finalizar, el sistema proporciona una dirección web personalizada con el formato www.whohub.com/nombredeusuario con toda la información de la entrevista, que se puede y debe, insistimos de nuevo, utilizar para adjuntarla al *curriculum vitae*, a nuestra firma de correo electrónico o a cualquier otro documento en que pueda ser interesante incorporarla para nuestra promoción personal y sobre todo profesional. No obstante, si nos buscan por Internet, igualmente resultará fácil encontrarla, ya que hay que recordar que nuestra entrevista en Whohub está dotada de posicionamiento y puede salir en las búsquedas realizadas a través de buscadores como Google. Pero dado que somos nosotros los que sabemos que está disponible, mejor avanzarnos, ¿no? Hay que pensar que se trata siempre de proporcionar un valor añadido a la persona que «quiere saber más sobre nosotros» y sobre todo, de facilitarle al máximo su tarea de investigación que, de ser hecha por libre, puede dar lugar a resultados no deseados.

Desde nuestro perfil o, lo que es lo mismo, nuestra área de usuario, además podemos llegar a recibir mensajes, comentarios y preguntas adicionales de cualquier otro miembro de la aplicación que lo haya visitado. Y también podemos ver el número de visitas que vamos teniendo, su procedencia geográfica y el usuario que las realiza.

Whohub se reinventa constantemente y añade nuevas funcionalidades. Entre ellas, por ejemplo, un servicio para compartir ***bookmarks*** y comentarlos, el apartado «ideas» que con mensajes cortos de trescientos caracteres pretende animar a los usuarios registrados a poner en marcha un ***brainstorming*** colectivo acerca de temas de interés global, o el servicio «colaboración» que consiste en ofrecer y solicitar colaboraciones creativas con otros miembros de la comunidad, hecho que potencia la visibilidad y permite no solo participar en proyectos diferentes de los que normalmente se está involucrado sino también descubrir nuevas formas de trabajar en equipo.

Y además, ya se está trabajando en otros servicios de gran utilidad como un conjunto de entrevistas sobre obras de todo tipo (de arte, de publicación de un libro, de una exposición, etc.) realizadas por los mismos miembros, la posibilidad de crear grupos colaborativos y la mejora del sistema de búsqueda entre miembros a través del grado de proximidad de las ***keywords***.

Jobaria

La utilización del vídeo también se ha incorporado desde hace ya algún tiempo a las técnicas de selección laboral. Estamos hablando de la videoentrevista que en absoluto es un *videocurriculum*, del cual hablaremos más extensamente en el siguiente apartado. Su principal objetivo, a través de preguntas previamente fijadas, es el de poder ver de una forma directa y rápida los conocimientos técnicos del candidato más que su respuesta delante de la cámara (dotes de comunicación, nivel o dominio de otros idiomas, etc.). No obstante, como podéis suponer, todo cuenta. En definitiva, el cliente final, que normalmente es la empresa contratante, tiene de nuevo un interesante y valioso *ítem* que va más allá del *curriculum vitae* plano de toda la vida.

Pero la cámara parece ser que aún intimida bastante. Para intentar paliar este temor, nace Jobaria. Desde el año 2007, esta página web desarrollada por la compañía turca Inveon y solo disponible en inglés nos ofrece la posibilidad, previo pago, esta sí, de grabar por sectores profesionales nuestra propia entrevista de trabajo en vídeo. En estos momentos (octubre 2011) están en proceso de actualización y como se indica en su página principal preveen un próximo lanzamiento.

Jobaria. Curioso nombre, ¿no? De hecho, sí. Anecdóticamente, debemos comentar que su denominación e incluso su logotipo e iconos son bastante curiosos, ya que, según indican sus propios creadores, Jobaria representa una especie de dinosaurio que, según la *Wikipedia*, medía más de veintiún metros de largo, pesaba dieciocho toneladas de peso y vivió hace unos 134 millones de años en lo que hoy es África.

Figura 10. Página principal de Jobaria

¿Por dónde empezar? Accediendo a su web, cuya página principal veis en la figura 10, y que es www.jobaria.com. Realmente, su funcionamiento es muy sencillo y directo. No hay que descargar o instalar ningún tipo de *software* adicional. Todo funciona a través del navegador de Internet y, por supuesto, de la *webcam*. Así pues, tras indicarle al sistema tres datos básicos de registro, se selecciona la categoría y subcategoría profesional sobre la cual se quiere que versen las diez preguntas, o menos, según sea la tarifa contratada de la videoentrevista. Cuando estaba activa, solo ofrecía ocho grandes grupos profesionales que son Ventas (*Sales*), Marketing, Tecnología, (*Technology*),

Finanzas (*Finance/Banking*), Recursos Humanos (*Human Resources*), Educación (*Education*), Sector Sanitario (*Medical*) y Servicios Personales (*Hospitality*). Y todos ellos, a su vez, disponían de ciertas subcategorías profesionales, tal como se puede apreciar en la figura 11.

Figura 11. Categorías y subcategorías disponibles en Jobaria

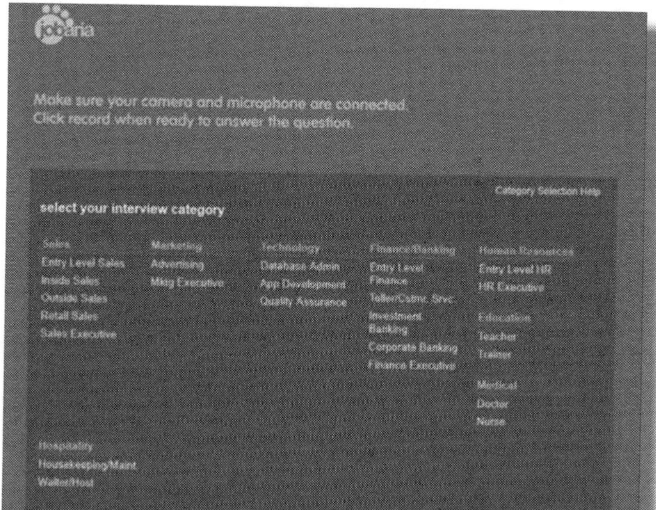

La aplicación web intenta reproducir en todo momento el escenario real de una posible entrevista laboral, puesto que no es posible conocer con anterioridad las preguntas que el sistema nos lanzará y tampoco «pasar palabra» como en el conocido concurso de televisión. Si el usuario decide saltarse una pregunta, hay que ser consciente de que ésta ya no se podrá recuperar. El tiempo de respuesta también tiene un límite muy concreto. Solo se dispone de un minuto y medio por pregunta.

A diferencia de las otras páginas web vistas hasta el momento, este no es un servicio gratuito, aunque tuvo hasta finales de enero de 2009 un periodo de prueba. ¿Y cuánto cuesta? Hasta su momento de actualización, tenía dos diferentes tarifas, una básica de 30 dólares y una *premium* que costaba 50 dólares y cuyas características se pueden ver y contrastar a continuación en la figura 12:

Figura 12. Precios y servicios que ofrece Jobaria

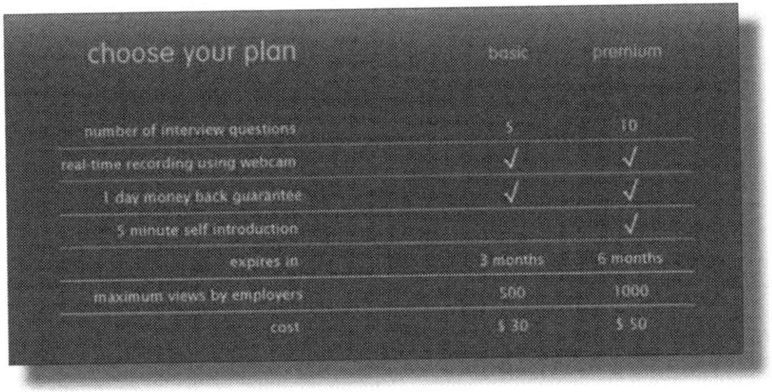

choose your plan	basic	premium
number of interview questions	5	10
real-time recording using webcam	√	√
1 day money back guarantee	√	√
5 minute self introduction		√
expires in	3 months	6 months
maximum views by employers	500	1000
cost	$ 30	$ 50

Cuando se llega a la última pregunta, según sea la tarifa escogida, y se termina con la grabación, se proporciona una dirección web propia donde queda contenida toda la filmación. Ésta estará activa y disponible para ser adjuntada como valor añadido en el *curriculum vitae* tras haber realizado el pago correspondiente. Si en un plazo de veinticuatro horas éste no se ha hecho, la grabación se elimina del sistema y ya no se puede recuperar.

Solo hay que añadir que los reclutadores interesados en visualizarla tampoco tienen que descargar ni instalarse nada. Todo intenta ser lo más directo y fácil posible. Para ello, se les proporciona una dirección web con el formato www.jobaria.com/codigoentrevista que les permite verla directamente.

Ventrevista

Si bien el modelo de videoentrevista digital presentado anteriormente está pensado para potenciar y promocionar la autocandidatura de un posible candidato, con esta nueva plataforma online de videoentrevistas automatizada, el sistema llega al mundo de la empresa.

Creada en el 2008 por Martín Dilucca, Ventrevista es un software de origen latinoamericano que basa su potencial en el ofrecimiento de un servicio de construcción de videoentrevistas a la carta realizadas en Internet, hecho que puede llegar a optimizar enormemente los procesos de selección ya que su precio es realmente interesante. Aunque está en clara evolución y consolidación, en España ya hay más de setenta empresas probándolo. Y de ellas, algunas como, por ejemplo, Mahou–San Miguel, Deloitte u Ono ya han decidido utilizarla. La empresa tiene presencia en España, Argentina, México, Colombia, Alemania, Hungría y Portugal y pronto la tendrá en Chile y en los Estados Unidos. Su web de acceso, cuya página principal podéis ver en la figura 13, es www.ventrevista.com.

Figura 13. Página principal de Ventrevista

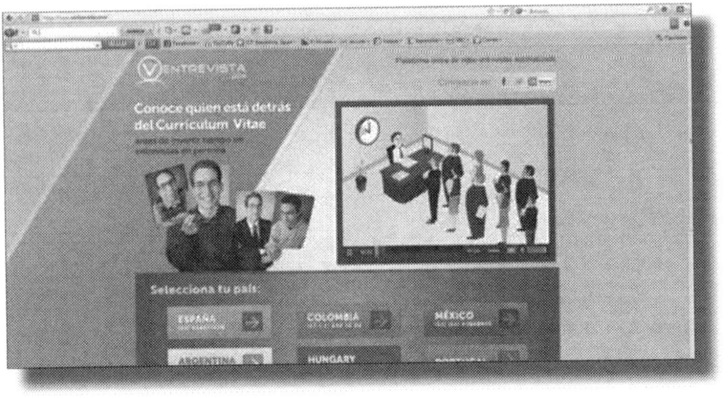

Todo empieza con la construcción de la entrevista. La empresa que contrata el servicio debe definir el número y contenido de preguntas a contestar y el tiempo que concede al candidato para cada una de ellas, estando el promedio en menos de un minuto. Según nos han comentado sus creadores, la entrevista estándar puede incorporar entre cinco y ocho preguntas. Una vez confeccionada, se envía una invitación por correo electrónico con el correspondiente enlace de acceso.

Cada videoentrevista digital incorpora una pregunta de prueba que el candidato puede utilizar para practicar antes de afrontar la prueba real. Igualmente, el usuario dispone de 30 segundos para leer cada una de las preguntas definitivas y prepararse mínimamente. El sistema realiza una prueba de imagen y sonido para garantizar el correcto funcionamiento y "captura" una fotografía del candidato. En próximas versiones se indica que se podrá incorporar una de tipo externo, subida desde el mismo ordenador. Hay que comentar que una vez iniciado el proceso, y con el objetivo que la videoentrevista no pierda su"espontaneidad", éste no se podrá parar ni mucho menos repetir.

La empresa dispone en todo momento de un panel de control privado a través del cual puede revisar tantas veces como quiera todas las videoentrevistas recibidas, así como compartirlas con otros profesionales e, incluso comentarlas y evaluarlas.

El *videocurriculum*, un nuevo concepto que llega con fuerza

Seguimos hablando del vídeo y de sus amplias posibilidades aplicadas a nuestra carta de presentación laboral que sigue siendo el *curriculum vitae*. Y entre ellas, la tendencia que actualmente representa el *videocurriculum*. Aunque hace tiempo que se habla de ella, podemos aún considerarla una novedosa y bastante innovadora manera de resumir y potenciar los mejores valores y cualidades profesionales basada en la fuerza de la imagen y la voz.

Aunque su uso en otros países como los Estados Unidos y Brasil está mucho más estandarizado y en el nuestro aún se utiliza tímidamente, las tendencias parecen reflejar que ha llegado para quedarse.

En nuestro país, el uso del *videocurriculum* en procesos de selección se remonta ya al año 2008, momento en que empezamos a ver algún ejemplo, eso sí, con un grado diferente de implicación, ya que en un proceso se pedía como elemento opcional pero muy valorado y en el otro era el único medio de poder acceder a la oferta. ¿Los recordáis?

Por un lado, en el mes de abril nos encontramos con la búsqueda de un «aficionado profesional» para Fernando Alonso. Mediante la inserción de un anuncio, reproducido en la figura 14, en diversos periódicos nacionales, se puso en marcha un curioso proceso de selección para encontrar a una persona que realizara tareas de comunicación y relaciones públicas entre Fernando Alonso y su afición. El objetivo final buscado era el de acercar el deporte de la Fórmula 1 y, por supuesto, la figura del piloto a sus fans y al público en general.

Esta iniciativa puesta en marcha por el patrocinador de la época (ING Direct) llamó mucho la atención en su momento. Sólo un dato. Según indican fuentes de la revista especializada en publicidad digital *Interactiva Digital*, en solo cuatro días apareció en más de doscientos blogs y en casi mil páginas web por no decir que fue la noticia más reenviada de *Elpais.com*. Para poder inscribirse en la oferta, además de cumplir unos determinados requisitos que básicamente eran «ser auténtico fan de Fernando Alonso y la F1», «tener aptitudes comunicativas y de relación, don de gentes» y «disponibilidad para viajar con el equipo alrededor del mundo», se debía seguir un proceso en cinco fases.

Y todo ello a través de una página web creada específicamente para la ocasión con una dirección que era www.aficionadoprofesional.com, cuya cabecera, que ya no se puede consultar, se muestra en la figura 15. El «aficionado» finalmente seleccionado fue un chico llamado Álvaro Ademà, de veintitrés años, que contó a su manera y con su propio lenguaje sus experiencias con el piloto.

Figura 14. Reproducción del anuncio de la oferta de trabajo de Fernando Alonso con envío opcional de videocurriculum

Si os fijáis en el anuncio, el presentar el *videocurriculum* no era obligatorio, pero se valoró muy positivamente. Fue un proceso de selección muy largo y contó con más de treinta y cinco mil candidatos. Unas cifras bastante lógicas ya que no suelen abundar los trabajos que te permitan disfrutar de tu pasión y además tener un sueldo de 3.000 euros brutos al mes más todos los viajes, alojamientos y dietas pagadas durante el Mundial. ¿O sí?

Figura 15. Cabecera de la página web aficionadoprofesional.com

El otro ejemplo fue el protagonizado, en el mes de mayo de 2008, por la empresa nacional Barceló Viajes, que lanzó una también curiosa campaña publicitaria a escala offline y online para seleccionar unos cuantos «viajeros directivos». Ésta incluía, como se puede ver en la figura 16, con la emisión de los cuatro anuncios utilizados, interesantes posiciones como poder llegar a ser Consejero delegado de «estudias o trabajas», *Managing director* de «lo que tú digas cariño», Director general de «hasta el año que viene», o Asesor ejecutivo de «a dónde vamos este finde».

Y los interesados sólo tenían la posibilidad de acceder al proceso de selección y presentar su candidatura enviando un *videocurriculum* o un *curriculum vitae* en formato PowerPoint a través de una determinada web específica que era y sigue siendo, aunque ahora destinada a otros menesteres, www.viajerosbarcelo.com. Fueron más de doscientas mil las visitas que se recibieron y casi unos mil candidatos los que cumplieron los requisitos para participar en este especial *casting* laboral.

Figura 16. Reproducción de los anuncios publicados en prensa de la campaña de Barceló Viajes

¿Y cómo, dónde y cuándo nació esta herramienta? Evidentemente, en los Estados Unidos, lugar de donde suelen proceder todas estas llamadas nuevas tendencias. Y la verdad es que de una manera realmente curiosa e incluso podemos llegar a decir que inesperada. En octubre de 2006, Aleksey Vayner, un joven norteamericano que estudiaba en la Universidad de Yale, tuvo la (fantástica) idea de producir y colgar posteriormente en el portal de vídeo YouTube una grabación personal que reflejaba sus datos y aspiraciones profesionales para poder entrar a trabajar en el banco de inversión UBS.

Bajo el título de «Nada es imposible», su vídeo, de más de seis minutos de duración, recibió numerosas visitas en muy poco tiempo y ganó mucha popularidad. ¿Y os imagináis cómo? Muy sencillo. Efectivamente sí consiguió parte de su objetivo, ya que alguien en UBS lo visualizó inicialmente como él quería, pero Aleksey se presentaba de una manera tan peculiar y realizando todo tipo de acciones consideradas fuera de lugar que provocó que esa persona lo reenviara masivamente y en plan cadena como archivo de tipo «divertido», «para hacer reír». Suponemos que sabéis de qué tipo de archivos estamos hablando, ¿no? ¿Quién no ha recibido alguno? Por tanto, el resultado final obtenido fue todo lo contrario del esperado, ya que se convirtió en motivo de risa y burla por toda la Red. Lo que sí es verdad es que la iniciativa de Aleksey sirvió para crear método y disciplina.

El *videocurriculum* básicamente busca proporcionar un primer contacto más realista y fresco entre el candidato y el reclutador sin que estos tengan que verse personalmente y, por tanto, ya supone un ahorro de tiempo *a priori* para las dos partes. Pero su objetivo final es conseguir despertar el suficiente interés para llegar a obtener la deseada entrevista de trabajo que quizás con la única lectura del currículo plano no se produciría. Por tanto, una de las principales premisas a tener en cuenta es su duración, ya que se aconseja siempre que no dure más de dos minutos, siendo también quizás importante el hecho que no se base solo en la presentación o la mera relectura de todos nuestros datos y experiencia. Hay que intentar ser creativo y diferente destacando lo más curioso y relevante. Eso sí, ojo con dónde ponemos los límites, porque no hay que olvidar nunca que no deja de ser un elemento más de nuestra imagen profesional. En definitiva, puede considerarse como una nueva manera de «venta personal».

Su producción puede realizarse de dos maneras. Usando medios propios, lo que supone utilizar una cámara de tipo doméstico, o acudiendo a empresas, que ya las hay en nuestro país, especializadas en su asesoramiento y grabación profesional. Un ejemplo de ellas es Abemus video curriculum en la ciudad de Barcelona, cuya página web, que podéis ver en la figura 17, es www.abemus.com/videocurriculum. Según ellos mismos indican, sus expertos en Recursos Humanos, tras recibir un cuestionario en formato Word que se descarga de la web elaboran el guión necesario que se envía al candidato para que lo prepare antes de la grabación. Posteriormente, ambas partes se reúnen en las oficinas de la empresa y se realiza la grabación que puede durar entre 30 minutos y 1 hora. Dos días después, envían el archivo editado y preparado para poder ser reenviado por correo electrónico. El coste del servicio es de 90 euros.

Figura 17. Página principal de Abemus video curriculum

Sea como sea, insistimos, siempre debe basarse en un guión previamente planificado y cuidar al máximo todos los detalles que lo rodean como el escenario, la vestimenta o la iluminación entre otros. Hay que entender desde el principio que el sofá de casa y el pijama no son buenos aliados. En la bibliografía os proporcionamos un enlace a un interesante artículo titulado «Cómo elaborar un *videocurriculum* profesional» que proporciona consejos para su correcta realización.

¿Es una herramienta aplicable a todos los perfiles? Hay quien piensa que sí, hay quien piensa que no. Lo que está claro es que los profesionales que en estos momentos ya lo han empezado a utilizar son quizás los de perfiles más relacionados con la comunicación y las nuevas tecnologías, pero, poco a poco, seguro que iremos viendo, y de hecho ya los hay, cómo se convierte en una interesante herramienta de presentación digital para otros perfiles como, por ejemplo, azafatas, traductores, comerciales, trabajadores sociales, etc.

Para muestra nuevamente un botón. El incremento que ha tenido en los últimos tiempos, pudiendo hablar incluso de meses, es realmente importante. Haced la prueba. Realizad una rápida búsqueda por la palabra clave en cuestión («*videocurriculum*») en las principales plataformas de vídeo existentes. Si lo hacemos en YouTube (www.youtube.com) esta búsqueda nos devuelve casi cinco mil resultados y si la hacemos en Google Videos (http://video.google.es) obtendremos, a fecha de hoy (octubre de 2011) más de seis mil cuatrocientos *videocurriculums*.

¿Y qué comunidades se mueven más? En estos momentos es difícil decirlo ya que como comentamos antes se observa un tímido parón. Eso sí, la que desde el principio y más, ha sido Andalucía, aunque los orígenes se sitúan parece ser en Asturias. Aunque hay otras iniciativas puntuales distribuidas por todo el mapa nacional, como la llevada a cabo por el OPAL (Observatori d'Inserció Professional i Assessorament Laboral) de la Universitat de València, la comunidad andaluza apostó en su día fuertemente por ello. Y, además, con diversas modalidades. Desde la instalación de videocabinas de grabación por parte del Servicio Andaluz de Empleo (SAE) hasta el apoyo directo de diferentes ayuntamientos como el de Málaga a través de su Portal de Empleo (www.malagaempleo.com), que se convirtió desde el mes de febrero de 2008 en el primer portal público en ofrecer esta herramienta, tanto al candidato para presentarse profesionalmente como a la empresa para describir el perfil buscado.

Una vez editado el *videocurriculum*, hay que empezar a darle difusión. Aunque se puede utilizar para enviarlo directamente a ofertas de trabajo que así lo requieran, tal y como hemos visto en los dos ejemplos anteriores, también resulta muy interesante encontrar y utilizar correctamente sitios web que ya lo admitan. ¿Y los hay? Sí, algunos. Desde bolsas de trabajo online más tradicionales, pasando por las conocidas redes sociales-profesionales que permiten, a través de aplicaciones, incorporar enlaces o el mismo archivo de vídeo, hasta portales específicos.

En nuestro país, la lista de portales especializados con sello nacional ha sufrido, como mencionamos antes, un cambio respecto a la primera edición de este libro. Algunos de los que existían han desaparecido pero igualmente han llegado nuevas iniciativas. ¿Y qué tenemos actualmente? Vamos a verlo.

Videocurriculum Digital

Iniciativa andaluza creada por el emprendedor Pablo Maldonado y su equipo y surgida en el Centro de Apoyo al Desarrollo Empresarial de Málaga en el año 2007. Es considerada la pionera en la producción de *videocurriculums* profesionales en nuestro país. Su web de acceso, que será renovada en breve es www.videocurriculum.es. No obstante, en la figura 18 podéis ver su página principal actual.

La aplicación web da servicio a candidatos que quieren disponer o simplemente alojar su *videocurriculum* y a empresas que buscan contratarlos basándose en este sistema audiovisual, ya que también incorpora ofertas de empleo aunque de momento todavía muy centradas en el ámbito andaluz. Sus promotores ya disponen de una interesante experiencia en la producción profesional de estos vídeos, puesto que han trabajado con diferentes tipos de entidades como ayuntamientos, universidades y departamentos de empleo.

Figura 18. Página principal de Videocurriculum Digital

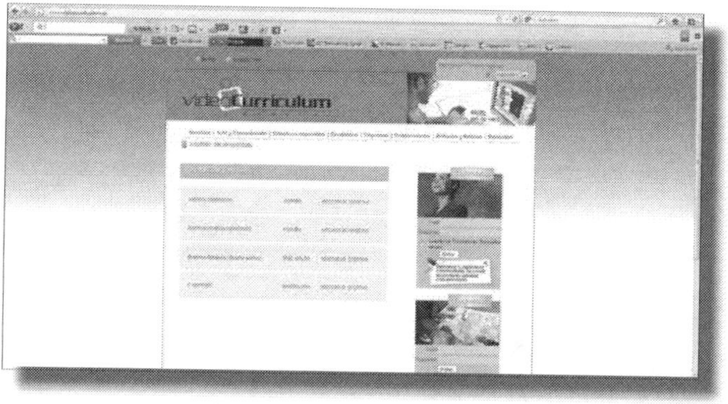

¿Y cómo empieza todo para el candidato? Con el registro básico. Tras completarlo, el equipo de Videocurriculum Digital recibe una notificación interna de alta de nuevo usuario y se procede a comprobar que los datos introducidos sean correctos y si lo son, se valida la nueva ficha.

Tras hacerlo, se establece un contacto directo con el nuevo candidato y se le ofrece la posibilidad de realizar la grabación profesional del vídeo. ¿Y cómo? Con diferentes posibilidades, algunas de las cuales pertenecen a las nueva versión que pronto estará disponible:

1. El candidato está interesado. Se inicia el proceso y se le asigna un asesor–tutor que le acompañará durante todo el proceso de asesoramiento y producción. Cada caso se estudia y prepara de manera individualizada. Se busca que en todo momento la persona se sienta lo más cómoda posible y pierda el miedo que le puede suponer

la cámara. Para ello, se analiza conjuntamente tanto el currículo como el mensaje resultante. Igualmente, se proporciona al candidato consejos interesantes sobre comunicación y lenguaje no verbal que resultan imprescindibles para el éxito del producto final. Este servicio de preparación y asesoramiento del candidato para la posterior elaboración profesional del *videocurriculum* tiene evidentemente un coste económico que suele ser, si se trata de un particular, de unos 90 euros.

2. Realizar la grabación en tiempo real, para lo cual el sistema solicitará el permiso correspondiente para utilizar la *webcam* y el micrófono del usuario. Este servicio se incorporará con la nueva versión y tiene coste aunque más reducido.
3. El candidato ya dispone de un *videocurriculum* o quiere grabarlo por otros medios. Éste también tiene cabida en el portal. Los responsables de la web ofrecen, siendo también un servicio de pago, la posibilidad adicional de recibir asesoramiento online. Y si finalmente el archivo supera los controles de calidad internos establecidos, pasa a formar parte de él.

Una vez producido, se edita insertando digitalmente aquella información complementaria (como, por ejemplo, el nombre y los apellidos) que refuerza la imagen. Los *videocurriculums* se entregan al candidato y/o entidad contratante en un plazo no superior a las 72 horas.

¿Y qué ofrece para la empresa? Desde su área privada y sobre todo desde lo que ellos llaman la «Sala de proyección» pueden buscar y visualizar los vídeos deseados e, incluso, los recomendados por el equipo responsable. Además, otro servicio interesante que ofrecen es la realización de entrevistas de trabajo por videoconferencia. Este servicio supone que en jornadas de ocho horas, la empresa puede llegar a evaluar a sus candidatos preseleccionados sin moverse de su sede.

Pasamos a los datos. En estos momentos tienen aproximadamente unos mil *videocurriculums* alojados y la nueva versión incorporará interesantes y novedosas funcionalidades como la mejora del motor de búsqueda, la inclusión de un banco del tiempo totalmente gratuito para que los usuarios puedan intercambiar servicios entre ellos, la creación de URLs independientes para los candidatos según sea su tipología (candidato, emprendedor, usuario del banco de servicios), integración de **Skype** en la web para la comunicación entre usuarios e incluso la posibilidad adicional de llegar a regalar el *videocurriculum* a otras personas. Y por supuesto, la necesaria conectividad con las redes sociales.

Además, la web principal tendrá, según nos comentan, la capacidad de «duplicarse». ¿Y qué significa? Bajo un modelo similar a la franquicia, se podrá tener exclusividad por provincia. Así pues, aquellos que puedan ver en este proyecto alguna oportunidad comercial y adquieran esta citada exclusividad se «quedarán» con una web que derivará todo aquel usuario que se conecte desde la provincia especifica en cuestión. Y por tanto, podrán gestionar y asesorar independientemente todos sus usuarios, así como vender duplicados web con las mismas posibilidades a entidades públicas o privadas.

Tumeves

Iniciativa virtual promovida por la Fundación Universidad Empresa de Castellón y Alicante que nació en el año 2009 con el doble objetivo de facilitar la incorporación laboral de titulados universitarios y de dotar a las empresas de un servicio de selección de potenciales trabajadores altamente innovador. Su página web original, que podéis ver en la figura 19, es www.tumeves.com.

Pretenden ahorrar tiempo y costes en los procesos de selección de las empresas y cederles a todos los universitarios y titulados un espacio en Internet que les permita mostrarse tal y como son, un lugar en el que publicar su videopresentación y su *curriculum vitae* y desde el que poder también inscribirse a las ofertas que forman parte de él. Su lema es «videopreséntate, muestra lo que vales y empléate».

Figura 19. Página principal de tumeves.com

Su estrategia basada en lo *glocal* («global+local») le ha permitido lograr en poco tiempo una gran aceptación e incremento de candidatos, visitantes y socios. Es decir, la estructura externa del proyecto consistente en crear modelos de ámbito local interconectados entre sí ha hecho que tumeves.com llegue a un gran número de empresas y candidatos procedentes de diversos lugares. Además, sus convenios con otras universidades del territorio nacional como, por ejemplo, Las Palmas de Gran Canaria, Murcia, Alicante y Tenerife han dado lugar a *microsites* de entrada específicos como laspalmas.tumeves.com, murcia.tumeves.com, alicante.tumeves.com o tenerife.tumeves.com, dos de los cuales podéis ver en la figura 20, y que incluyen una videopresentación del responsable de la institución local. Todos ellos enmarcados por la página principal original.

Figura 20. Dos ejemplos de los microsites de entrada locales de tumeves.com

Se definen como «una plataforma digital de empleo para profesionales cualificados basada en las videopresentaciones». Para ello, incluyen una interesante bolsa de empleo a escala nacional e incluso con ofertas de ámbito internacional que se dirige a quienes tengan estudios medios o superiores. Todas las ofertas están en formato abierto y pueden ser visualizadas por cualquiera que visite la web. No obstante, solo pueden inscribirse en ellas aquellos candidatos que estén registrados y tengan videopresentación incorporada a su perfil.

El listado de empresas asociado al proyecto empieza a ser realmente importante con más de doscientos nombres propios como Grupo Porcelanosa, Autoridad Portuaria de Castellón, Arbora Ausonia, Grupo Pikolinos, Danone, Marina d'Or, Land Rover o Dopp Consultores.

La web incorpora igualmente algunos videoperfiles empresariales de presentación corporativa que ayudan a acercar la empresa y sus valores a los candidatos. Ya sabéis, cada vez más las empresas quieren personas identificadas con ellos y su actividad. Además, todas ellas disponen de un interesante conjunto de servicios específicos que detallamos en la figura 21.

Figura 21. Servicios que reciben las empresas asociadas a tumeves.com

Publicación de ofertas dentro de la zona de empresas y visualización de inscritos
Acceso a una base de datos propia de personal cualificado con videopresentación
Buscador avanzado para localizar al candidato más adecuado en tiempo real
Envío de e mails personalizados de aviso de nuevas inscripciones a la oferta
Posibilidad de realizar videollamadas con el servicio de apoyo para resolver dudas

Para formar parte del portal como candidato, además de cumplir los requisitos indispensables de perfil universitario, hay que registrarse y crear una cuenta. Es el mismo candidato el que debe subir su videopresentación ya que, inicialmente, los responsables de la web no se ocupan de realizar las grabaciones. No obstante, si se desea y se necesita sí ofrecen este servicio a través de las distintas fundaciones que respaldan el proyecto. Eso sí, solo se puede adjuntar una única videopresentación y de una duración máxima de tres minutos.

Uno de los elementos que los diferencia es el tema de la privacidad ya que permiten establecer tres niveles. El perfil registrado puede ser público, hecho que provoca que pueda ser visto por cualquier visitante; semipúblico, lo que implica que sólo los usuarios y las empresas registradas puedan verlo; y privado, sólo lo pueden ver las empresas registradas.

En estos momentos, disponen de más de setecientos candidatos registrados y reciben más de catorce mil quinientas visitas mensuales. Los perfiles predominantes son los recién titulados o a punto de serlo de las carreras de Turismo, Publicidad y Administración y Dirección de Empresas.

FuturaCV

Otra posibilidad actual en el entorno del *videocurriculum* la podemos encontrar y sobre todo utilizar de manera gratuita a través de la web de FuturaCV cuya página principal podéis ver en la figura 22. Esta iniciativa, cuya web de acceso es www.futuracv.com, y cogiendo la denominación que ellos mismos utilizan, puede definirse como la «primera plataforma española de *videocurriculum* online con grabación en tiempo real».

Figura 22. Página principal de FuturaCV

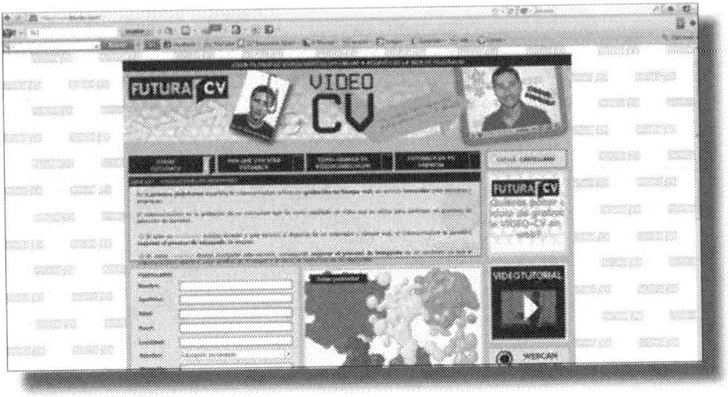

Propiedad de la productora barcelonesa divu*Ciencia, nació en el año 2009 como una prueba piloto con la Universidad de Girona (UdG) y un objetivo muy claro, dotar a sus alumnos de un espacio virtual donde poder grabar en directo este vídeo laboral facilitando así la comunicación entre candidato y empresa. Igualmente, en su día, la bolsa de trabajo de la UdG ponía a disposición de sus usuarios un ordenador específico para realizar la tarea.

En estos momentos, la aplicación se ha hecho pública y pueden usarla todas las personas que se conecten a la página. ¿Y cómo funciona? No necesita ningún *software* adicional pero si se requiere, por supuesto, una *webcam* conectada a nuestro ordenador, hecho que el sistema detectará previamente. Una vez todo preparado (ya sabéis, discurso, escenario, iluminación, etc., para lo cual desde la misma web de FuturaCV incluso podéis visualizar un **vídeo tutorial** específico) es el mismo usuario quien decide iniciar el proceso pulsando el botón de grabación.

La ventaja es que podréis probar tantas veces como queráis, ya que el archivo no se considera definitivo hasta que se rellena y se envía el formulario situado en la parte lateral izquierda de la página. Y lo que está claro, por experiencia propia de nuestros alumnos, es que resulta difícil que el primero realizado sea el definitivo. Así pues, lo mejor es visualizarlo, detectar los posibles errores y sin prisa volver a grabarlo hasta obtener el deseado. Cuando los responsables de FuturaCV lo reciben y validan en un plazo máximo aproximado de 48 horas, envían al usuario por correo electrónico un enlace donde está alojado el *videocurriculum*. Aunque no se pueda descargar y guardar, este se puede utilizar para reenviar a cualquier oferta que lo requiera o, por supuesto, usarlo como elemento de promoción activa en los diferentes documentos laborales. El usuario puede revocar su uso cuando lo desee.

El objetivo de la empresa, además de poner a disposición del usuario esta práctica herramienta de grabación en tiempo real, es, de momento, poder llegar a comercializar este módulo para que las empresas finales puedan integrarlo en sus propios sistemas y así facilitar nuevamente sus procesos de selección .

Más iniciativas de vídeo

La lista de portales web relacionados con el *videocurriculum* no se termina con estos dos ejemplos nacionales que os hemos presentado. Hay que pensar que es un tema en evolución constante y con un interesante crecimiento que, como todo en la vida, ya tiene sus fans y sus detractores en nuestro país.

¿Más iniciativas? Las hay nacionales e internacionales. E incluso aquellas que apuestan por que sea la misma empresa contratante la que grabe el *videocurriculum* describiendo visualmente su oferta de trabajo.

A nivel internacional, si nuestro objetivo laboral es ir más allá de "nuestras fronteras" y promocionarnos con nuestro *videocurriculum* en otros países, hay que empezar a conocer y utilizar otros portales. La lista de las webs ya disponibles es más extensa lógicamente que en España puesto que esta herramienta tiene una trayectoria mucho más dilatada en otros países. Os destacamos algunos *sites* en la figura 23.

Figura 23. Lista de portales internacionales de videocurriculum

talking cv	www.talkingcv.com	En inglés	2000
cv one	www.gocvone.com	En inglés y alemán	2006
videocv	www.videocvtube.com	En inglés y francés	2007
you cv	www.youcv.eu	En italiano	2008
face2–facecv	www.face2facecv.com	En inglés	2009

Pero quizás la iniciativa internacional que más nos ha sorprendido este año 2011 es la que puso en marcha en marzo y en fase de prueba el portal de empleo británico CWjobs.co.uk (www.cwjobs.co.uk). Lo llamó *curriculum* de **realidad aumentada** mediante el cual el candidato, a través de esta nueva tecnología, puede contar de viva voz y presencia corporal su trayectoria profesional. Aunque sólo fue una primera aproximación, los tres profesionales que se presentaron disponen actualmente de su grabación online y estos videos son consultables a través de la página web http://arcv.cwjobs.co.uk/see–the–winners. Tenemos que decirlo, ¡curioso y sorprendente! Personalmente, y ya me permitiréis la licencia, me ha recordado a los libros troquelados que cuando los abrías se desplegaban. ¿Sabéis a qué me refiero? Os recomiendo que visitéis la web y opinéis vosotros mismos. Eso sí, por supuesto, mentalidad abierta.

En el ámbito nacional, y estableciendo como principal diferencia el hecho de utilizar el espacio que un recurso web de momento gratuito como es el portal YouTube ya proporciona para subir y alojar archivos de vídeo, podríamos destacar la iniciativa Video Curriculum–Online. Su web de acceso, cuya página principal queda reflejada en la figura 24, es www.videocurriculum–online.com.

Figura 24. Página principal de Video Curriculum-Online

Esta iniciativa fue creada en el año 2009 por una empresa del sector de la hostelería con sede en Barcelona. La idea, según nos comentan sus responsables, surge precisamente para intentar encontrar un método alternativo y más completo a los numerosos currículos en formato papel que reciben anualmente en sus oficinas. Y de esa necesidad interna surgió un portal que se dirige a cualquier empleado o empresario interesado en promocionar su candidatura u oferta a través del vídeo. Su lema, «Tu vídeo y nosotros trabajamos por ti las 24 horas para encontrarte empleo».

Su tarea empieza precisamente cuando el *videocurriculum* ya está grabado y subido a Internet. Ellos no se dedican a producirlo, aunque sí es cierto que en su página proporcionan algunos consejos y direcciones de empresas e instituciones que pueden ayudarnos a hacerlo incluso gratuitamente. Es sólo a partir de ese momento cuando debe iniciarse el registro gratuito en Video Curriculum–Online y como un campo más, incorporar la dirección web concreta de acceso al archivo digital.

Incluso, resulta interesante comentar que el *videocurriculum* ha llegado ya en nuestro país al mundo de la televisión. ¿Ejemplos? La cadena Cuatro emitía en verano de 2011 el programa diario de reportajes de actualidad "¿Qué quieres que te diga?" En él dedicaban un espacio semanal a mostrar un *videocurriculum* de un minuto y medio grabado por un usuario que buscaba empleo. Como indicaban lso mismos responsables del programa, el objetivo era buscar a gente que quisiera demostrar "lo que valían". El vídeo promocional podéis verlo en la página web http://www.cuatro.com/que–quieres–que–te–diga/quiero–trabajar/Buscas–trabajo_3_1438086220.html.

¿Y para las empresas? Una de las propuestas específicas más curiosas e innovadoras en su día fue la llamada «Destructores de Paro». ¿Específicas? Sí, porque si recordáis algunos portales de *videocurriculum* incluyen también la posibilidad que las empresas hagan videopresentaciones. Esta iniciativa fue desarrollada por el grupo bancario BBVA en colaboración con el Grupo Antena 3.

Bautizada como una iniciativa social surgida por la crisis, su objetivo era el de dar protagonismo mediante la utilización del video a todas aquellas pymes y autónomos de nuestro país que en momentos económicos difíciles luchan más que nadie contra el paro, llegando a crear y ofertar empleo. Su web de acceso, aún disponible pero desactualizada y cuya página principal podéis ver en la figura 25, es www.destructoresdeparo.com.

Figura 25. Página principal de Destructores de Paro

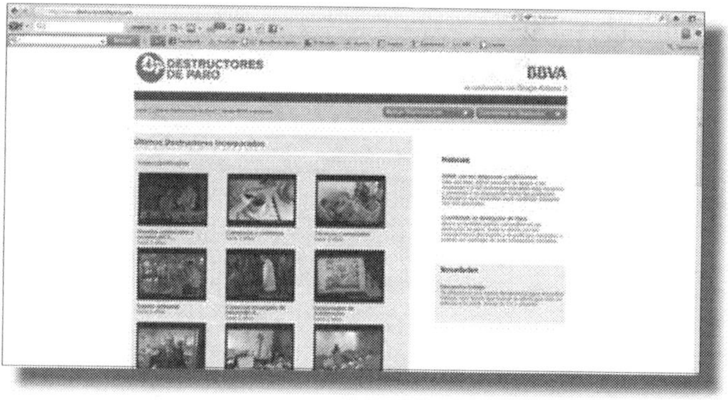

¿Y cómo funcionaba? Mediante la utilización de «videoclasificados», como ellos concretamente los llamaban, las empresas seleccionadas conseguían su minuto de gloria, que además se retransmitía también por Antena 3 Televisión y/o por Onda Cero Radio, para presentarse a ellos y a sus empresas, explicar las características de sus ofertas y del perfil del candidato que buscaban. Aunque ya no esté activa, hemos decidido mantenerla en esta nueva edición porque en su día supuso una innovadora e interesante iniciativa que llevaba el tema del vídeo y sus grandes posibilidades a «la otra parte» empresarial.

En estos momentos (octubre 2011) la iniciativa vigente más parecida que existe para que la empresa de a conocer sus ofertas a través del vídeo la podemos encontrar en la página web de la sección "¡Encuentra trabajo!" del programa +gente de Radio y Televisión Española (www.rtve.es/television/mas-gente/ofertas-empleo/). En ella podemos visualizar los diferentes videos laborales emitidos en el programa y grabados por empresas de todo tipo (Leroy Merlin, Disneyland Paris, Multiasistencia, Fotocoles, etc.).

Finalmente, y para cerrar este apartado, comentar que la empresa Unique ofrece en su página web (www.unique.es) un apartado específico, denominado Video CV como podéis ver en la figura 26, a través del cual no sólo los candidatos pueden grabar y enviar su *videocurrículum* sino que las mismas empresas pueden utilizar el vídeo para dar a conocer sus ofertas de empleo.

Figura 26. Sección Video CV de Unique

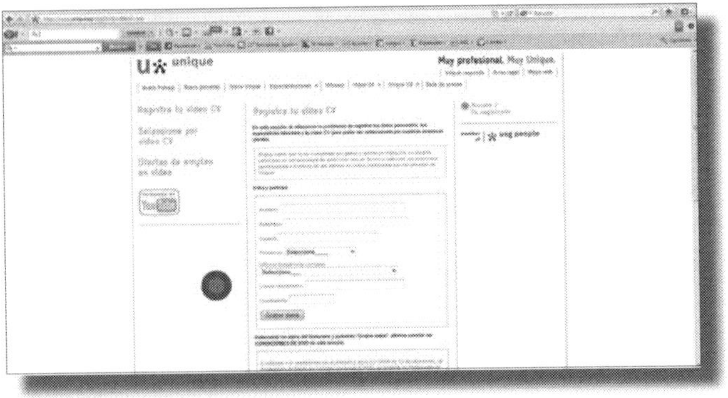

En definitiva, pensad que todo esto debería ser motivo de posible reflexión. Estas primeras iniciativas... ¿pueden suponer un paso a que las empresas también se animen a grabar en vídeo sus ofertas de empleo? ¿Puede llegar a convertirse en una nueva modalidad laboral? Todo se verá. Si una cosa está clara es que la videograbación puede ser un recurso válido para todos los agentes implicados.

Crear perfil profesional online, redes y otras herramientas disponibles

Actualmente, tener un perfil profesional en Internet es más importante de lo que parece, ya que constituye una de las maneras más fáciles y directas de dotarse de esa interesante posición digital que ya hemos comentado.

Un tema importante. Aunque las tendencias apuntan que el perfil se está convirtiendo en el «recurso» virtual en el que la gente puede ver quiénes sois, consideramos que en ningún caso éste debe ser la réplica exacta de nuestro *curriculum vitae* porque de este modo se están desperdiciando las enormes potencialidades que nos ofrecen ciertas herramientas virtuales que veremos a continuación. Recordáis el famoso eslogan de la marca de caldo de pollo Avecrem que ya hemos mencionado antes, «¿Cueces o enriqueces?». Pues con esto lo mismo. La parte más fácil es crearlo y que aparezca en Internet, ya que con un básico registro prácticamente está todo el trabajo hecho, pero lo más importante es saber darle valor y enriquecerlo con muchos otros elementos que ya están a nuestra disposición como recomendaciones por escrito de otros profesionales pero sin abusar de ellas, enlaces a artículos publicados, integración de nuestro blog o nuestro Twitter, instalación de aplicaciones adicionales, publicación y comentario de actualizaciones, menciones y premios obtenidos o muestras explícitas de nuestro trabajo en todos los formatos posibles. Y por supuesto, no podemos olvidar que es un elemento vivo y como tal hay que cuidarlo, mantenerlo, modificarlo, actualizarlo, potenciarlo y sobre todo promocionarlo.

Lo más normal y extendido es asociar esta tendencia de «estar presente en la Red» a aquellos profesionales de perfiles más cualificados y de posición profesional más elevada. Quizás esto era verdad hace un par de años y así lo corroboraban las cifras. Por poneros un ejemplo, en el seminario *Reclutamiento 2.0* organizado por la Asociación Española de Dirección y Desarrollo de Personas (AEDIPE) en el mes de junio de 2009 en Madrid, los representantes de la empresa de selección de cargos directivos Catenon indicaron que el 20% de los candidatos que buscaban para cubrir sus ofertas y procesos en el ámbito europeo eran localizados de manera espontánea a través de buscar su perfil en las redes profesionales. No obstante, con el paso del tiempo, las tendencias se van popularizando y son muchos más los perfiles que ya se visualizan. Nuevamente, un dato. En septiembre de 2010, Unique publicó un estudio que referenciamos en la bibliografía en el cual indicaba que el 49% de las empresas ya buscan candidatos en las redes sociales siendo Linkedin la más utilizada en un 51% seguida por Xing en un 29%.

¿Y con qué podemos empezar? Con las más conocidas, aunque eso no significa que sean las únicas. Son las llamadas redes virtuales profesionales y en nuestro país, con unos cuantos años ya de vida, se sitúan como una de las herramientas más utilizadas para crear este necesario perfil virtual. Realmente hay muchas, ya que cada país apuesta por crear e intentar mantener la suya propia. En el nuestro, en los últimos años, y más concretamente desde 2007, hemos asistido a un importante cambio que ha dado lugar a la absorción de las dos plataformas virtuales existentes de raíz española que eran eConozco y Neurona. Así pues, en estos momentos, el profesional que se decida utilizar alguna de las que están operando actualmente debe examinar las posibilidades que le ofrece una (o más) de las siguientes:

1. Linkedin (www.linkedin.com).
2. Xing (www.xing.com).
3. Viadeo (www.viadeo.com).

Aunque seguidamente las veremos de manera introductoria, sobre todo en su aspecto más relacionado con el empleo, hay que comentar que en su filosofía original contemplaban estas opciones laborales solo como un servicio complementario. De hecho, todas ellas tardaron un tiempo en crear las secciones específicas de bolsa de trabajo. La verdad es que estaban básicamente enfocadas y dirigidas a profesionales en activo que quisieran disponer de una herramienta de refuerzo virtual para crear, trabajar y potenciar la que ya es considerada como tan necesaria red de contactos.

Y evidentemente, además de las que ya hemos citado y veremos a continuación, hay que guardar un importante espacio para comentar la verdadera revolución laboral que está suponiendo la red de ámbito social Facebook. Nacida inicialmente sólo «para hacer o recuperar amigos», está viviendo un importante giro hacia este ámbito profesional con el desarrollo de diversas herramientas, *widgets* y aplicaciones externas que permiten profesionalizar ese perfil que seguramente muchos de vosotros ya tenéis creado.

Linkedin

Red virtual de profesionales interconectados de origen norteamericano creada en el 2002 (pero lanzada oficialmente en mayo de 2003) por Reid Hoffman. Con sus más de 135.000.000 de usuarios registrados (noviembre 2011), un ritmo de crecimiento vertiginoso que apunta a que cada segundo del día se registra una persona nueva y su presencia en más de doscientos países, es considerada en estos momentos la plataforma virtual de *networking* profesional más numerosa y de carácter más internacional. De éstos, más de 2.000.000, según los últimos datos analizados, se sitúan en nuestro país. Su web de acceso, cuya página principal queda reflejada en la figura 27, es www.linkedin.com.

Figura 27. Página principal de Linkedin

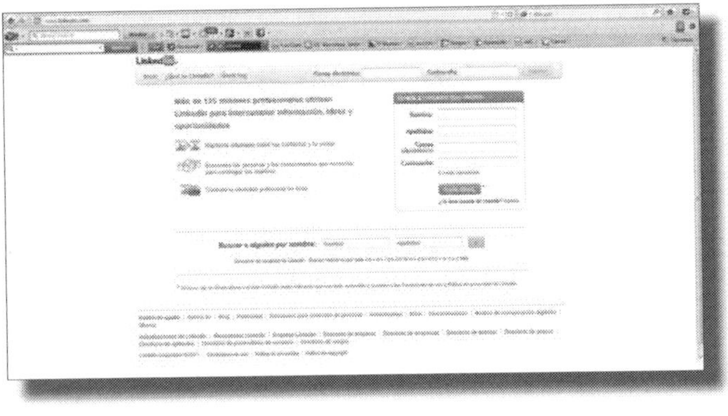

Ser miembro de Linkedin, al igual que en las otras plataformas que veremos, es gratuito y requiere del habitual proceso de registro. Así pues, todo empieza rellenando el formulario de la parte superior derecha de la página principal como podéis ver en la figura anterior. Una vez validado, se entra a formar parte de la plataforma con un perfil que da acceso a un número limitado de personas y servicios. Nuestra primera tarea será hacer llegar el **activímetro** al 100% introduciendo toda la información necesaria para completarlo.

Igualmente, dispone de cuentas *premium* con un importe económico superior a las otras dos que veremos después, hecho que vuelve a reflejar la diferencia de mentalidad existente en este tema con relación a otros países. ¿Y cuánto vale? Las suscripciones se sitúan entre los 25 y los 100 dólares al mes, aunque sí, es cierto que si nos damos de alta bajo el concepto de «buscar trabajo», la plataforma nos ofrece unos planes especiales que sitúan la cuota más cara en 50 dólares al mes.

La mayoría de sus servicios se ubican en el menú general de doble nivel de la parte superior, aunque también podemos encontrar algunos otros en el mismo perfil o en páginas adicionales vinculadas. ¿Ejemplos? Pues dos:

1. Instalación de aplicaciones externas para dar más valor al perfil como *Resume Builder*, que convierte la información destacada de nuestro perfil en un *curriculum vitae* formal pudiendo utilizar diferentes formatos. Si bien desde la misma página de Linkedin ya podemos extraer un archivo Pdf, no se obtiene el mismo resultado que con esta aplicación específica. Su página principal, que podéis ver en la figura 28, es http://resume.linkedinlabs.com.

2. Utilización de las «nuevas secciones» ubicadas dentro de la página de perfil que permiten introducir nuevos datos de por si no presentes en el perfil original. Entre ellas, «Cursos», «Idiomas», «Certificaciones», «Publicaciones», «Patentes».

Figura 28. Página principal de Resume Builder de Linkedin

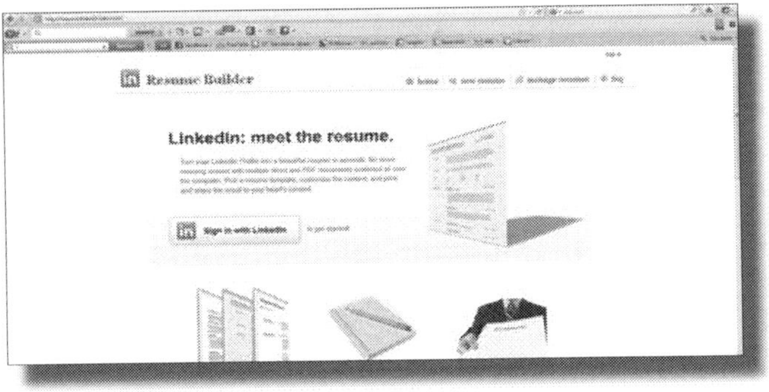

Y en el aspecto laboral, la sección que concentra todo el tema que aquí más nos interesa es la de «Empleos». Desde allí, podemos acceder a todas las ofertas de empleo publicadas de forma directa por los usuarios de la plataforma como en la web en general, siendo este último un servicio proporcionado por el **agregador** internacional *Simply Hired*.

La publicación de una oferta en Linkedin tiene un coste individual de 95 dólares para la persona o empresa que lo publica y una validez de treinta días. No obstante, existe lo que ellos llaman «paquetes de empleo» que proporcionan tarifas más reducidas. Por ejemplo, un paquete de cinco empleos a 75 dólares cada uno, hecho que supone un 21% de descuento y uno de diez empleos a 65 dólares, suponiendo un descuento del 31%. Según ellos mismos indican, la efectividad está garantizada ya que el sistema está optimizado para que las ofertas sean encontradas por los buscadores y, además, son reenviadas por parte de los usuarios de la plataforma un promedio de once veces y reciben más de treinta solicitudes. Igualmente, su publicación implica que también se muestren en el canal específico de empleo de Linkedin en Twitter (@LinkedIn_Jobs).

¿Y cómo se buscan las ofertas? No tiene mayor secreto. Al hacer clic sobre la opción anteriormente comentada y más concretamente en «Encontrar empleos», nos aparece un rápido y directo buscador que nos permite seleccionar por tres conceptos básicos como son cargo, palabras clave o nombre de la empresa. Si entre los resultados obtenidos encontramos una que nos interese, podemos inscribirnos en ella a través de diferentes posibilidades:

1. «Solicitar ahora». Esta opción activa una pantalla que nos permite enviar una carta de presentación a la persona concreta que ha puesto la oferta acompañada de nuestro *curriculum vitae* en archivo adjunto. La empresa recibe las solicitudes y es avisada por correo electrónico con cada una de ellas.
2. «Solicitar en el sitio web de la empresa». Linkedin abre nueva ventana y nos muestra la página web específica de la oferta y la manera de inscribirse.

Hay que añadir que en todo momento, siendo esta una opción muy utilizada y potenciada en Linkedin, se hace visible el grado de distancia que nos separa de esa persona clave que ha publicado la oferta. Por si no lo sabéis en esto de las conexiones o del *networking* impera la famosa *Teoría de los seis grados* que pone de manifiesto que de algún modo, todos estamos conectados. Y para ser más explícitos, la teoría nos indica que para llegar a cualquier persona de cualquier empresa nos separan como mucho seis grados. Pensad que Linkedin sólo muestra las conexiones hasta tercer grado.

Y además, toda oferta nos permite ver la ruta de conexiones que más nos pueden acercar a ella ya que también se indica qué personas de tu red trabajan en dicha empresa. Otras opciones que ofrece la oferta es poder guardarla, compartirla en las principales redes sociales e incluso seguir la actividad de la empresa para estar al corriente de nuevas ofertas.

Hay que añadir que este es el sistema oficial de publicación de ofertas de Linkedin. Pero no por ello hay que olvidar que ya hay muchas empresas que utilizan otros apartados para publicitarlas. Entre ellos, y como destacado, tenemos los «Grupos» que en su misma configuración, como podéis ver en la figura 29 que reproduce el Grupo de SEAT, S.A., siendo esta empresa uno de los ejemplos más destacados del buen uso de las herramientas de Empleo 2.0 en el mercado español, ya tiene un apartado propio de «Empleos». Dicho grupo ya tiene más de 2.800 miembros (octubre 2011).

Un último tema que hay que tener un poco en cuenta, aunque está cambiando a pasos agigantados, es su origen plenamente tecnológico. Esto, sumado a su idioma de raíz que es el inglés, ha influido en los sectores y usuarios que estaban hasta hace poco más representados.

Figura 29. Sección «Empleos» del Grupo SEAT, S.A.

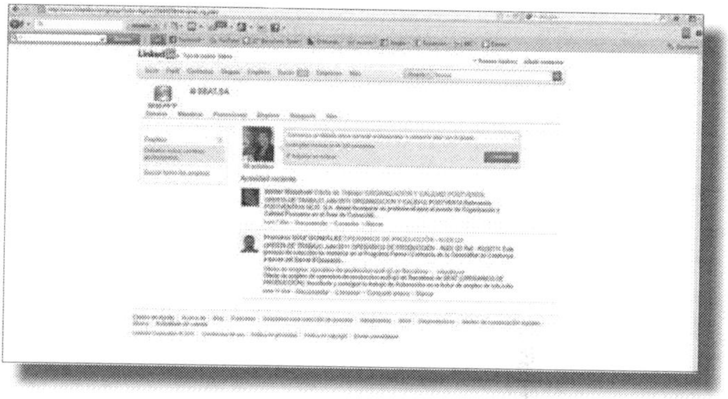

Desde julio de 2008 ya se puede consultar en otros idiomas, entre ellos el español. En su etapa inicial en España, estas particulares características podían llegar a suponer un verdadero *handicap* para otros perfiles que no fueran los relacionados con la informática, Internet y las nuevas tecnologías, ya que resultaba difícil encontrar ofertas disponibles. Insistimos, esto ha cambiado bastante y ya es posible empezar a encontrarlas. Para que lo entendáis de una manera más visual, hemos realizado un pequeño análisis de las ofertas publicadas por sectores y los resultados, que podéis ver en la figura 30, muestran este especial sesgo.

Figura 30. Muestra de las ofertas de Linkedin por sectores (octubre de 2011)

Actividades bancarias (5)	Biotecnología (2)
Aeronáutica / Aviación (1)	Energía renovable y medio ambiente (12)

Agricultura (2)	Hostelería (9)
Industria farmacéutica (17)	Servicios jurídicos (2)
Internet (57)	Servicios y tecnología de la información (162)
Logística y cadena de suministro (4)	Telecomunicaciones (24)

En definitiva, el mejor consejo que os podemos dar para una búsqueda efectiva de empleo en esta plataforma virtual y en todas las otras que vendrán después es intentar confeccionar previamente una (completa) lista de las empresas en las cuales se desearía trabajar y ver por dónde se mueve cada una de ellas.

Xing

Plataforma virtual de *networking* profesional de origen alemán que fue creada en el 2003 bajo el nombre de OpenBC (Open Business Club). En estos momentos (octubre 2011) tiene más de once millones de usuarios registrados a nivel mundial y una **interfaz** renovada, de los cuales más de 1'6 están en nuestro país. Su sede principal está en Hamburgo y tiene oficinas en Pekín, Estambul y hasta diciembre de 2010, en Barcelona. Su web de acceso, cuya página principal reproducimos en la figura 31, es www.xing.com.

Formar parte de la plataforma es muy fácil y rápido. Como hemos comentado, la mayor inversión de tiempo en todas ellas llega después a la hora de completar y potenciar el perfil. Sólo hay que realizar un breve registro al que se accede, como veis en la siguiente figura, desde el primer formulario ubicado en la parte superior derecha de la página principal y seguir los pasos que desde allí se indican.

Figura 31. Página principal de Xing

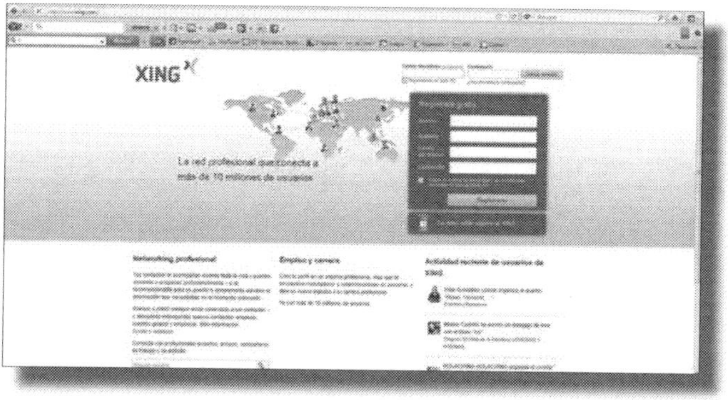

Ser usuario registrado de Xing no implica coste económico. El registro es gratuito. No obstante, la plataforma dispone de una versión *premium* que te da acceso a una serie de interesantes servicios adicionales, que además se han visto reestructurados desde que desapareció la oficina española. Entre ellos, poder enviar mensajes a personas que no son contacto directo, disponer de un perfil sin publicidad, incorporar archivos adjuntos, solicitar referencias, ver y escribir directamente a quien ha visitado tu perfil o utilizar las funciones de la búsqueda avanzada. El coste de esta suscripción *premium* es variable. Ahora (octubre 2011) está en 6,35 euros al mes (si se contrata por tres meses) teniendo en cuenta que a ese precio se le aplica un 20% de descuento pero sólo durante el primer período de suscripción. Igualmente, existe otra cuenta de pago para reclutadores dirigida a las empresas que quieran utilizar la plataforma para procesos de selección a la que se le añaden otras funcionalidades como, por ejemplo, la utilización de filtros o el poder localizar información de los candidatos directamente en los resultados de búsqueda.

La mayor parte de las funcionalidades se concentran en la barra superior de color verde aunque tenemos otro menú vertical en la parte izquierda que concentra nuestras opciones (buzón de mensajes, solicitud de invitaciones, etc.). Podríamos hablar mucho sobre todas ellas, pero como hemos indicado antes y por la temática específica del libro, nos centraremos en las secciones más enfocadas al tema laboral. Y para ello, hay que fijarse en la que recibe el nombre de «Empleo y carrera». Es la bolsa de ofertas de trabajo de Xing disponible desde el mes de mayo de 2007.

¿Y cómo funciona? Los profesionales de las empresas que deseen publicar una oferta, y este aspecto es un elemento importante, ya que en una plataforma de *networking* profesional las personas son el verdadero motor, deben ser usuarios *premium* y rellenar el correspondiente formulario descriptivo. Aunque hay diferentes promociones y paquetes e incluso soluciones individualizadas, el coste básico está fijado por clics y a un importe de 0,49 euros por visita y es la empresa quien decide el número de clics máximo que está dispuesto a recibir y, por tanto, a pagar.

El usuario registrado puede consultar las ofertas de empleo publicadas utilizando el buscador. Hasta hace poco existían dos tipos de ofertas: 1) Las publicadas directamente por las empresas cuya inscripción directa se realiza a través del botón "Contacto" estableciéndose así una comunicación directa con ellos, y 2) las que recopilaba y mostraba el agregador nacional Trovit (personalizado en la figura de Claudia Cardona en España y en la de Sergio Ruiz en México) que simplemente eran de intermediación llevándote, a través del botón "Ver la oferta de empleo completa", a la web dónde realmente estaba la oferta y dónde realmente se tenía que realizar la inscripción. Hasta hace poco (octubre 2011) estas últimas eran muy numerosas en nuestro país hecho que dificultaba encontrar las primeras, aquellas que quizás eran más interesantes por saber en todo momento que persona real la había publicado y poder establecer un vínculo directo con ella. Parece ser que el sistema se está reestructurando y aunque hay menor número en España, se está dando más importancia a las primeras. Igualmente, destacar que si se buscan para otros países, sobre todo en empresas de origen alemán independientemente dónde estén ubicadas, la cantidad existente es bastante interesante.

Las ofertas incorporan, además, algunos servicios como ser guardadas como favoritas e incluso poder recibirlas por correo electrónico mediante la creación de alertas específicas.

No obstante, y como en la anterior plataforma, aunque este es el sistema oficial de publicación de ofertas de empleo, también resulta interesante tener en cuenta el apartado de «Grupos», donde además de poder debatir, consultar e intercambiar información, las empresas también suelen publicitarlas.

Viadeo

Aplicación online de *networking* profesional de origen francés. De sus más de treinta y cinco millones de usuarios a nivel mundial, unos ochocientos mil los podemos ubicar en España. Su principal estrategia de diferenciación se centra, según Dan Serfaty, su fundador y **CEO**, en los países emergentes y en la apuesta multi-local. Su web de acceso es www.viadeo.com.

Formar parte de Viadeo como usuario registrado también es gratuito. Hay que realizar el correspondiente registro a través del formulario que aparece en pantalla tras hacer clic en el botón «Registrarme» de la parte superior derecha de la página principal que podéis ver en la figura 32.

Figura 32. Página principal de Viadeo

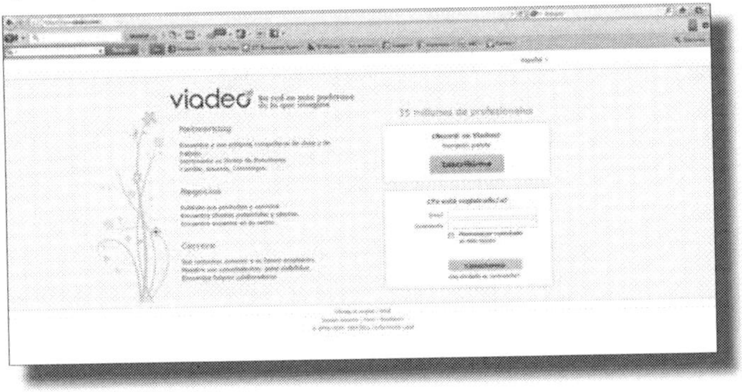

Una vez completada la información básica necesaria, ya se puede acceder a la plataforma y a un conjunto determinado de servicios. Viadeo también dispone de una versión *premium* que resulta necesaria para poder utilizar determinadas funcionalidades como consultar y contactar con otros profesionales sin limitación, publicar y gestionar eventos, realizar todo tipo de búsquedas o ver quién ha consultado nuestro perfil. Tiene 4 tarifas disponibles. Desde la mensual (9,85 euros al mes en estos momentos-octubre 2011) hasta la de 24 meses (con un coste de 4,95 euros al mes pero en un único pago de 118,80 euros). También existe la correspondiente cuenta para profesionales de los Recursos Humanos (llamados aquí «Reclutadores»).

Las diferentes opciones ofrecidas se concentran mayoritariamente en la barra superior de pestañas de doble nivel. Igual que en la anterior aplicación, hay muchas y algunas incluso diferentes y específicas, pero aquí nos centraremos en las de tema laboral. Su puerta de acceso es la doble opción «Carrera», ya que desde aquí también se contempla específicamente la formación como parte importante en el desarrollo de la carrera.

Todas las ofertas de empleo que son publicadas por los usuarios están clasificadas por fecha de publicación, siendo el orden de la más reciente a la más antigua. Además, el sistema permite también guardar ofertas, activar alertas por correo electrónico o incluso realizar suscripción por RSS a la categoría(s) deseada(s). Y por supuesto solicitar ser presentad@ a través de tus contactos, si los tienes, a la persona que ha puesto la oferta (recordad, teoría de los 6 grados).

La publicación de ofertas, que son visibles durante un mes e incorporan un proceso de *e–maling* a cien personas del perfil seleccionado, tienen un coste fijo, aunque igualmente se pueden solicitar presupuestos personalizados. La tarifa normal para una oferta en España y Portugal se sitúa en 180 euros sin incluir el IVA.

Facebook

Red social creada por un joven estudiante de Harvard llamado Mark Zuckerberg en el año 2004. Originalmente, solo era accesible para estudiantes y posteriormente se abrió a cualquier persona con un correo electrónico. Sus ya más de 800 millones de usuarios registrados en este momento (octubre 2011), la convierten en la primera red de este tipo a escala mundial. De ellos, en España se pueden ubicar más de catorce millones trescientos mil. Su web de acceso en lengua española, disponible desde 2008, y cuya página principal queda reflejada en la figura 33, es www.facebook.es.

Figura 33. Página principal de la versión española de Facebook

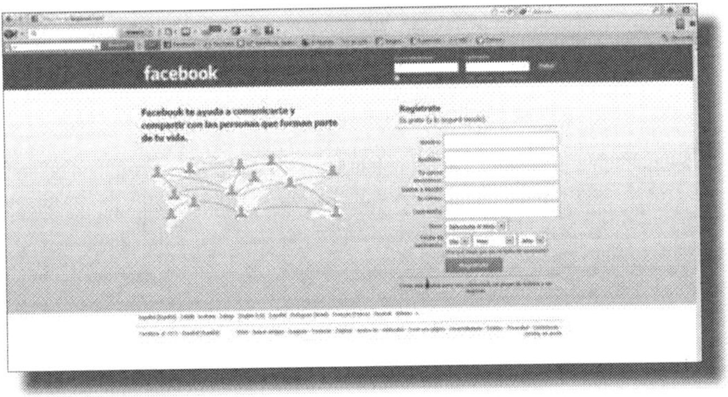

Su objetivo original era el de crear un lugar en la Red donde poder establecer contacto con otras personas conocidas o no. Aunque suponemos que actualmente prácticamente todos vosotros conocéis su funcionamiento e incluso muchos tenéis perfil creado, hay que comentar que éste, a día de hoy, ha sido totalmente superado.

Facebook se ha instalado en nuestras vidas… en algunas más que en otras. De hecho, cada vez resulta más difícil encontrar a alguien que no forme parte de él. E incluso si eso pasa, nos sorprende. Sin ir más lejos, hace un tiempo (en febrero de 2010) llegaba la noticia de que los internautas empezaban a pasar más tiempo navegando por esta red social que por el mismísimo Google. Pero igualmente, hace poco (en junio de 2011) se empezó a hablar de la primera pérdida importante de usuarios. Los especialistas indican que esta aparente disminución que aún no está demostrada si será pasajera o no se centra en el hecho que la plataforma ya ha captado a todo el público existente en su franja principal. Y sobre todo, por su aumento continuado de publicidad y su enfoque cada vez más comercial.

Lo que es cierto es que cada vez se utiliza para muchas más cosas, entre ellas, siendo esta la perspectiva que nos interesa destacar más aquí, para la búsqueda de trabajo en las dos direcciones. De hecho en octubre de 2011 se publicó un estudio realizado por la consultora internacional Potentialpark en el que se indicaba que Facebook ya supera a Linkedin en la selección de perfiles más jóvenes.

Como comentábamos antes, esta red social se ha convertido en uno de los principales exponentes de nuestra posible identidad digital, ya que por el interesante posicionamiento que nos ofrece en Internet, es una de las primeras referencias que, si no hay configuración de privacidad limitante establecida, aparece al escribir nuestro nombre en una herramienta de búsqueda como es Google o cualquier otro buscador especializado y que, por tanto, utilizan los profesionales de la selección para ver información sobre los candidatos.

¿Y eso es malo? No tiene por qué serlo, siempre y cuando sepamos utilizar la aplicación de manera correcta y a nuestro favor. Y por supuesto, no caigamos en cometer errores sin sentido como desde hace tiempo vemos reflejados en algunos medios de comunicación. Quizás uno de los más famosos fue el caso de la británica Kimberly Swann, en febrero de 2009, que fue despedida de su oficina en Clacton (Inglaterra) por publicar en su Facebook lo aburrido que suponía para ella su trabajo, puesto que solo le daban tareas «sin importancia». ¿Recordáis alguno más? Seguro que sí.

Si queréis utilizar vuestro perfil de Facebook para el ámbito profesional, deberíais empezar a trabajar varios temas. Por un lado, lo que sería la construcción del perfil básico, dotándolo de la mayor profesionalidad posible e incorporando la información necesaria sobre todo en los apartados de especial relevancia como el de «Formación y empleo». Igualmente, resulta interesante tener una actividad interna destacable y siempre relacionada con nuestros intereses profesionales, siendo un buen ejemplo el de crear y dinamizar un grupo que permita reflejar nuestra actividad profesional. Sin olvidar el tema de las aplicaciones externas para darle mayor riqueza y valor a nuestro perfil. Por poneros un simple ejemplo, una de las páginas anteriormente presentadas en el apartado de currículos online y que se llamaba Easy–CV tiene su correspondiente versión para ser instalada a través de Facebook. Así pues, con ella podemos tener nuestro *curriculum vitae* virtual vinculado al perfil. ¿Útil? Cada uno decide.

Y por otro, deberíais empezar a conocer (¿y a utilizar?) las bastantes y novedosas aplicaciones, al menos en nuestro país, que diferentes empresas externas han desarrollado para ayudarnos a crear perfil profesional e incluso localizar mejor las posibles ofertas de empleo publicadas en Facebook. ¿Y qué tenemos? Por destacar solo algunas...

- Beknown. Diseñada por el portal Monster y lanzada en junio de 2011. Tras acceder con nuestro perfil, permite crear dentro del mismo Facebook un apartado que construye una red profesional. También permite invitar a nuestros contactos de otras redes sociales. Su idea es tener en un mismo sitio las dos facetas vitales. Su página principal, que podéis ver en la figura 34, es www.beknown.com .
- InTheDoor. Esta aplicación gratuita pero aún en versión beta permite desde el mes de abril de 2011 descubrir qué empresas tienen ofertas publlicadas. Y además, en cuáles de ellas tenemos "amigos" que estén trabajando. Para ello, nos solicita acceso a nuestro perfil pero a diferencia de la anterior, no instala nada dentro de él. Su página de acceso es www.inthedoor.com.
- BranchOut. Creada por el emprendedor Rick Marini y puesta en marcha en abril de 2011. Tras solicitar de nuevo acceso a nuestro perfil, permite crear una red profesional. Puede consultarse internamente o externamente. Ofrece una versión gratuita de treinta días de duración. Permite publicar ofertas de empleo vinculadas a la página corporativa. Su página de acceso es http://branchout.com.

Figura 34. Página principal de Beknown

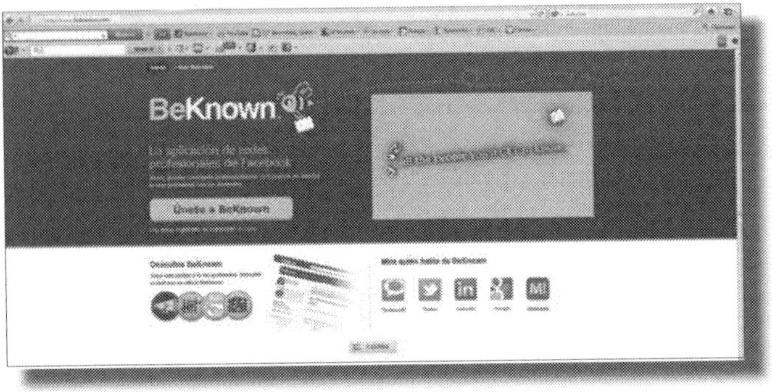

Un apunte final. Nunca hay que pensar que Facebook es un mundo privado y aislado que me permite cualquier comportamiento sin consecuencias, sobre todo laborales, porque solo va a poder verlo quien yo quiera. La cuestión es que ya existen muchas maneras de acceder a esa información incluso no siendo amigo directo. Una de las últimas noticias en llegar (en julio de 2011) ha sido el nacimiento de la empresa Social Intelligence, una joven ***start–up*** ubicada en Santa Barbara (California, Estados Unidos) que se dedica a recopilar la información (pública) que sobre un candidato (o actual trabajador) pueda existir en las redes sociales y entregarla en forma de informe a tu actual o futuro jefe. Su página web es www.socialintel.com ¿Rizando el rizo? Qué cada uno opine y valore.

Para ampliar este tema y obtener algunos consejos de cómo estar presente en las redes sociales sin que ello nos pueda perjudicar, y dado que en estas páginas no tenemos suficiente espacio, os invitamos a leer el artículo titulado «Claves para no perder el control en su red social» que publicamos en el periódico económico *Expansión* en junio de 2009 a través de su suplemento laboral *Expansión&Empleo* y que referenciamos en la bibliografía. Aunque hace un tiempo de ello, os aseguramos que esos consejos (y muchos otros) son perfectamente válidos.

Google Plus

En esta actualización resulta interesante realizar al menos una pequeña mención a la nueva red social de Google. Puesta en marcha el 28 de junio de 2011, su interfaz aún es una primera versión que está en continua mejora. Su objetivo, según se comenta en su blog oficial, es «unir personas sin la rigidez de las actuales herramientas de Internet». En su corta historia, y aunque hay quien se aventura ya a decir que será la directa competencia de Facebook, sólo podemos constatar un hecho y es su crecimiento realmente exponencial conseguido con sus veinte millones de usuarios registrados en aún no su primer mes de vida. Su web de acceso, cuya página principal podéis ver en la figura 35, es https://plus.google.com.

Figura 35. Página principal de Google Plus

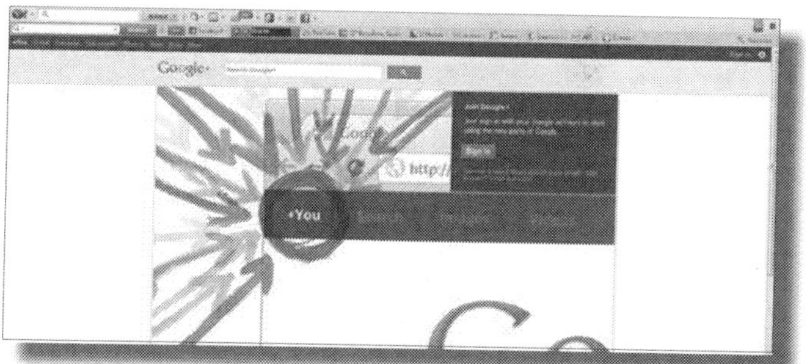

Con un perfil de usuario aparentemente más fácil de rellenar, ya que se basa en la información introducida en cualquier otra aplicación Google (como Gmail o Google Profiles), sus funcionalidades se agrupan básicamente en cuatro apartados: «Círculos» (*Circles*), «Intereses» (*Sparks*), «Quedadas» (*Hangouts*) y «Móvil» (*Mobile*). Pero quizás las más novedosas, diferentes y potenciadas son, por un lado, la de «Círculos» que permite clasificar tus contactos dentro de la plataforma en círculos diferenciados e incluso crear los tuyos propios simplemente arrastrándolos y, por el otro, la de «Quedadas» que da acceso, tras la instalación de un ***plug–in***, a un sistema de videoconferencia con diferentes personas a la vez a través del cual, por ejemplo, visualizar también de manera conjunta, si se desea, un vídeo de YouTube. ¿Tendrá posibilidades laborales? Aún está por explorar, pero estas dos opciones seguramente serán muy bien recibidas por aquellas empresas y profesionales de la selección innovadores como interesante herramienta de potenciación de su posible ***employer branding.***

¿Más posibilidades?

El grupo de herramientas disponible para trabajar el perfil profesional, como decíamos al principio de este apartado, no se acaba en absoluto con estas redes que podríamos llamar más conocidas o populares. Es mucho más amplio y diverso. Así pues, intentando cubrir esos otros aspectos o colectivos a los cuales éstas no llegan o simplemente de momento no se plantean, existen ya otros portales y empresas en la Red, algunas de las cuales, y nos complace comentarlo, son de raíz española. Las presentamos a continuación y en el siguiente apartado dedicado al autoempleo.

Job and talent

Iniciativa virtual española creada en enero de 2009 por un equipo de emprendedores provenientes del mundo de Internet y de los recursos humanos (Felipe Navío, Juan Urdiales y Tabi Vicuña). Se definen como "la primera plataforma social de empleo". Su web de acceso, cuya página principal presentamos en la figura 36, es www.jobandtalent.com.

Figura 36. Página principal de Job and talent

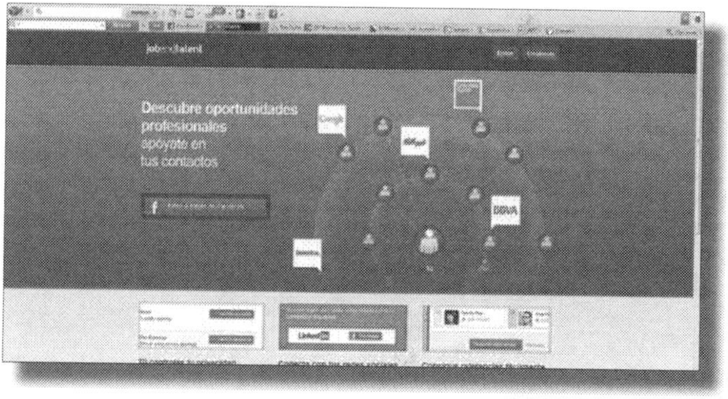

Su objetivo original era el de dotar a los profesionales con carrera universitaria o algún MBA de una herramienta social que sirviera para resolver todas las dudas y problemas relacionados con la búsqueda de empleo en los primeros años de trayectoria profesional. Y sobre todo, el de ayudar a encontrar un primer trabajo que estuviese en perfecta consonancia con la formación recibida. No obstante, su exponencial crecimiento, contando con casi mil doscientas empresas registradas en este momento (octubre de 2011), algunas de las cuales se reflejan en la figura 37, ha hecho que su modelo sea utilizado para otros tipos de posiciones profesionales.

Según indican sus responsables en la web, es una «herramienta exclusiva que te permite estar en contacto con las mejores empresas de todos los sectores de la economía» sin necesidad de estar pendiente de procesos de selección abiertos porque son ellas, las empresas, las que envían notificaciones al candidato con información sobre eventos, posibles procesos de selección, actividad en el portal, tipo de perfiles que están contratando, etc.

¿Y cómo funciona? Como el resto, todo empieza con un registro. También puedes entrar a través del perfil de Facebook. Una vez completado el perfil, la característica principal es empezar a «hacerse visible», como ellos lo llaman, en todas aquellas empresas que ya forman parte del portal y en las cuales se estaría realmente interesado en trabajar. Cada una de ellas dispone de una ficha informativa que se puede visitar y es siempre el usuario quien decide cuáles pueden ver.

Es un concepto diferente, ya que no existe listado de ofertas de trabajo como tal. Las mismas empresas son las que antes incluso de publicar la oferta tienen un conjunto de candidatos interesados con una muy alta cualificación.

Es más, para que una empresa pueda formar parte de esta red debe cumplir un requisito indispensable. Y es el hecho de que debe ofrecer excelentes oportunidades laborales que, además, prevean grandes posibilidades de crecimiento interno. Un dato destacado: cada semana mueven, según indican sus responsables, una media de 50 contrataciones.

Figura 37. Muestra de empresas que participan en Job and talent

Almirall	Amazon	Cap Gemini
L'Oreal	Mango	MRW
Pepsico	Procter&Gamble	Prosegur
Repsol	Sanofi–Aventis	Sony
TMB	Toyota España	Zurich

Como complemento, desde el portal también se potencia la creación de la propia red de contactos que permite el intercambio de recomendaciones internas y consejos prácticos entre usuarios enfocados a optimizar en todo momento la búsqueda del trabajo ideal. En agosto de 2011 llegaron a los cien mil usuarios registrados, ubicados mayoritariamente en Madrid, Barcelona, Málaga, Sevilla y Valencia.

Recruiting Erasmus (RE)

Apostando por la «diferenciación» tan necesaria en estos días, esta plataforma virtual se centra en aquellos jóvenes profesionales que han realizado un Erasmus o, lo que es lo mismo, han complementado sus estudios universitarios con una experiencia internacional a través de esta beca concreta o cualquier otro programa de movilidad parecido, ya sea desde España hacia el extranjero o viceversa. Su página principal, que podéis ver en la figura 38, es: www.recruitingerasmus.com.

Figura 38. Página principal de Recruiting Erasmus

Iniciativa de la empresa de Recursos Humanos PeopleMatters, pretende establecer, según ellos mismos indican: «un puente de empleo entre empresas y estudiantes internacionales». Actualmente, van por su tercera edición, ya que funcionan conjuntamente con el curso universitario, y cuentan con el apoyo de diecisiete importantes empresas a nivel nacional, algunas de las cuáles podéis ver referenciadas en la figura 39, y la adhesión de cincuenta universidades españolas.

Figura 39. Muestra de empresas que participan en Recruiting Erasmus

Abbot	Banesto	BBVA
Heineken	Ikea	Kellogg's
Sanitas	Siemens	Vodafone

Para formar parte de RE solo hay que registrarse de manera gratuita y completar el perfil basado en tres apartados («Datos Personales», «Datos Académicos» y «Datos

Profesionales»). Una acción que ya han realizado más de siete mil seiscientos estudiantes o titulados.

El portal complementa su actividad con diversas actividades relacionadas, como *chats* periódicos con los responsables de las empresas, o incluso concursos innovadores como el que pusieron en marcha en abril de 2011, en el que los usuarios inscritos en la plataforma podían llegar a conseguir ver en primera persona como es el «día a día» de su empresa seleccionada. Para ello debían grabar un *videocurriculum* de tres minutos de duración máxima, subirlo a una plataforma de vídeo ya existente (como YouTube o Vimeo) y publicarlo en el muro de la página de Recruiting Erasmus en Facebook. La selección, que se comunicó exclusivamente por dicha red social, se basó tanto en el propio *curriculum* del candidato como en sus habilidades personales y de comunicación (creatividad, innovación, motivación y entusiasmo).

El autoempleo, una opción posible y potenciada con Internet

No podíamos dejar de lado en este libro la figura del emprendedor y, en consecuencia, la categoría del autoempleo. Por excelencia, y sobre todo en tiempos de crisis, es aquella persona que en lugar de ver el mundo (laboral) lleno de obstáculos y adversidades, siempre descubre posibles oportunidades profesionales e incluso se lanza a intentarlo. Una de las cosas que el emprendedor debe aprender y entender enseguida es que si bien la idea de negocio a implementar es muy importante, de hecho constituye la base de todo, también lo es, y mucho, el tener una red de contactos potente a quienes poder dirigirse. Y si algo está claro es que este duro camino no se puede (o mejor debe) hacer nunca en solitario.

La persona que emprende laboralmente podríamos llegar a decir que es como si estuviera en búsqueda continua de empleo. ¿Y por qué? Dentro de toda su actividad, que no es poca, deberá dedicar tiempo, esfuerzo y recursos a promocionar sus iniciativas y, por supuesto, a buscar posibles clientes, colaboradores, proveedores, etc.

El principal problema es que normalmente, cuando se empieza, los recursos disponibles, sobre todo económicos, son escasos. Actualmente, Internet, y precisamente de la mano de otros emprendedores que lo han visto claro, nos proporciona algunas páginas web que nos ayudan en lo que podríamos llamar esta primera fase laboral, ya sea la de promocionar nuestros servicios a través de poder crear una web o un perfil propio con todos los recursos virtuales existentes o, incluso, de trabajar nuestra red y encontrar posibles colaboradores y hasta clientes.

Qapacity

Iniciativa virtual barcelonesa creada a finales de 2008 por Julián Lerer, Tomy Pelluz y su equipo. Su peculiar nombre es una combinación estratégica de las palabras «Quality» y «Capacity». Invertida por el Grupo Intercom, ellos son los profesionales que hasta su venta en el 2007 llevaban el desarrollo de la plataforma virtual de *networking* profesional española conocida en su día como Neurona.

Qapacity tiene un carácter plenamente social e interactivo y su principal objetivo es el de unir las necesidades de los clientes y los servicios de los profesionales. Su web de acceso, cuya página principal queda reflejada en la figura 40, es http://qapacity.com/es.

Proporciona las herramientas y el espacio necesario en sus servidores para crear gratuitamente una web de hasta cinco páginas y 1 GB de tamaño que recopile y muestre los servicios profesionales. Este *site* puede editarse y configurarse en todo momento y, además, ofrecen una interesante y buena optimización para los buscadores, hecho que implica que la web pueda salir en las primeras posiciones cuando alguien realiza una búsqueda. También tienen otros planes de pago que desde 5,95 euros al mes en estos momentos (en octubre de 2011) ofrece incluso dominio propio.

Figura 40. Página principal de Qapacity

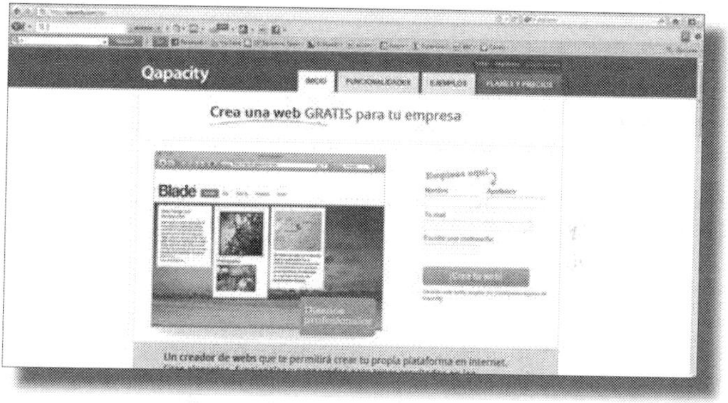

Su filosofía se basa, según ellos mismos indican, en la unión del «marketing del trabajo bien hecho y el poder de las recomendaciones sociales». *A priori*, todos somos buenos profesionales en lo que hacemos, pero sí es cierto que si alguien nos recomienda, valora y sobre todo puntúa, nuestra candidatura adquiere mucho más valor. Y si esto ya está llegando a las candidaturas para ofertas de empleo que podríamos llamar normales a través del concepto de la intermediación laboral, imaginaos la importancia que adquiere dentro del mundo del emprendedor o del autónomo. Dan mucha importancia y dedican muchos de sus esfuerzos al concepto de la reputación.

Para empezar a utilizar los servicios de Qapacity sólo hay que realizar un sencillo y gratuito registro. Tras validar el correo electrónico, se accede directamente al panel de control a través del cual hay que complementar el perfil profesional y empezar a incorporar servicios, posibles referencias y buscar contactos con los que empezar a interactuar y hacer red. En el momento en que se añade el primer servicio profesional la web se hace visible.

El sistema es modular y permite ir construyendo el proyecto web profesional de manera progresiva. Consultable en dos idiomas (español e inglés), ha tenido un crecimiento realmente importante y ya dispone de más de cincuenta mil usuarios registrados. Y quizás lo más curioso es que su aceptación ha roto fronteras y ya hay profesionales de muy diversos países presentes (Francia, Portugal, Bélgica, Países Bajos, Alemania, Estados Unidos, India, Filipinas, Gran Bretaña, Sudáfrica, México, Colombia, Venezuela, Argentina, Perú o Paraguay).

Todos ellos pueden ser localizados por diferentes apartados como «servicios», «profesiones» o incluso las novedosas «solicitudes» específicas y concretas. Y aunque pueda parecer que solo están representadas, como siempre pasa en este tipo de webs, los servicios profesionales más tecnológicos o relacionados con Internet, no es cierto. Un rápido vistazo por las diferentes webs ya creadas devuelve resultados (algunos ciertamente curiosos) como los que se pueden observar en la figura 41.

Figura 41. Algunas empresas ejemplo de Qapacity

Alquiler de solariums a domicilio	LA CROC – Croquetas artesanas y creativas a domicilio
Venta de miel de abeja a granel	Paseo, canguro y traslados de mascotas
Alquiler de coche de caballos para bodas	Redacción de biografías
Chef personal a domicilio	Fruta fresca en su Oficina
Asesoría en caballos para hipoterapia	Jabones personalizados

Vitaevision

Plataforma virtual española desarrollada por dos jóvenes empresarios, Raquel Hernando y Juan Luís Martín, con base en Madrid, que permite desarrollar un perfil profesional amplio enriquecido con la creación a su alrededor de una red de contactos profesionales interactivos afines a nuestros específicos intereses laborales o empresariales. Su web de acceso, cuya página principal reproducimos en la figura 42, es http://vitaevision.com.

Figura 42. Página principal de Vitaevision

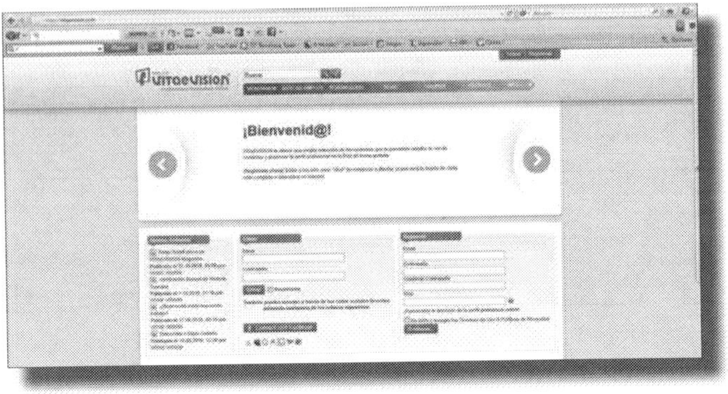

Nacida en marzo de 2009, y aunque pueda verse *a priori* como una red social profesional más y muy parecida a otras ya vistas, según sus creadores se basa en el hecho diferencial de poder «mostrar, ofrecer y compartir el talento personal» en su máxima expresión y, por tanto, puede utilizarse como una herramienta muy enfocada al autoempleo. Aunque hay aplicaciones de uso colectivo como, por ejemplo, los grupos, prácticamente todo el esfuerzo gira alrededor del perfil de cada profesional. El objetivo final es poder llegar a crear la más dinámica e interactiva tarjeta de visita profesional, la cual además se proporciona en **código fuente** para incorporar a otros recursos web.

¿Y las empresas? También tienen su espacio específico y pueden crear su propia ficha con todos sus datos de contacto y otros elementos destacables como artículos. E incluso pueden ser valoradas por los mismos usuarios de la plataforma a través de votaciones o comentarios. Todas ellas pueden también publicar ofertas de empleo, actualmente de manera gratuita, en la sección correspondiente y, además de visualizar el perfil de los posibles candidatos que se inscriban, pueden contactar con ellos directamente, hecho que supone un interesante ahorro de tiempo y de dinero. Como opción futura ya se está trabajando en la construcción de un completo directorio de empresas, siendo los responsables de la web los que las buscan específicamente.

La interfaz, que ha sido gráficamente mejorada desde su lanzamiento, ya está disponible en dos idiomas, español e inglés. Aún poco conocida en nuestro país, aunque su base mayoritaria de usuarios es española, tiene una presencia más destacada en los países latinoamericanos, siendo México el que presenta un mayor porcentaje de usuarios.

Para ser miembro de Vitaevision hay que realizar el correspondiente registro, que es totalmente gratuito y en el cual convendría destacar la importancia de seleccionar de manera estratégica las etiquetas que mejor nos definan y que, a poder ser, nos diferencien desde el punto de vista profesional. Una vez validado, ya tenemos acceso a nuestro perfil y podemos empezar a trabajarlo.

Acepto

Para desmitificar aún más el hecho de que todo este tema de la Web 2.0 solo es para profesionales tecnológicos o con perfiles directivos, han empezado a aparecer iniciativas nacionales basadas en el concepto de la **subasta inversa** de servicios a particulares, que ya funcionan con gran éxito en otros países como, por ejemplo, Alemania.

Una de las más destacadas, nacida en mayo de 2009, es de origen barcelonés y está capitaneada por un equipo de seis jóvenes emprendedores. Entre ellos, Jordi Ródenas, Toni Gómez e Ignacio Moreno. Su nombre es Acepto y su web de acceso, cuya página principal podéis ver en la figura 43, es www.acepto.es.

Figura 43. Página principal de Acepto

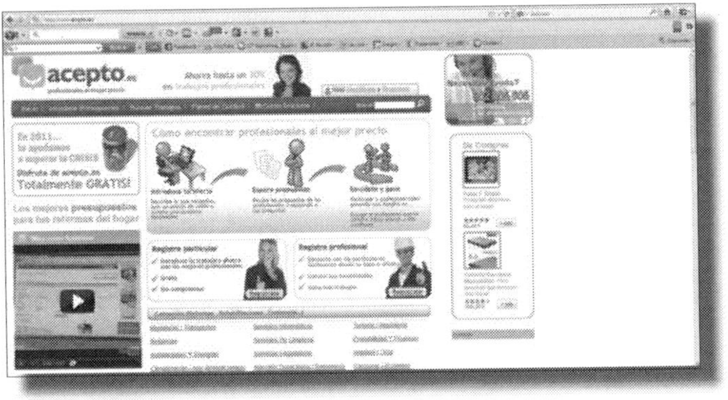

Este portal con ofertas de empleo reales de trabajos que podríamos llamar domésticos pone en contacto directo a particulares y profesionales normalmente autónomos, aunque no está en absoluto cerrado a la empresa. Son los particulares los que tras un sencillo registro gratuito en un único paso publican el anuncio con un título, una descripción, un lugar geográfico e incluso a poder ser alguna imagen, ya sea del trabajo que se va a realizar o del resultado deseado. En ese mismo formulario de petición se indica fecha de inicio, a cargo de quién están los posibles materiales que se utilizarán, un precio orientativo de salida si se tiene claro, la duración de la subasta hasta un máximo de treinta días y la forma de pago deseada.

Una vez publicado el trabajo, los diferentes profesionales registrados, que hasta el momento se contabilizan en casi setecientos, pueden empezar a realizar sus pujas, teniendo en cuenta que cada una de ellas debe ser 5 euros inferior a la anterior. Estos pueden solicitar más información y detalles a través del foro privado asociado a cada oferta.

Finalizado el tiempo asignado para la subasta, el particular adjudica el trabajo al profesional que haya hecho la oferta más interesante según su criterio, un posible ejemplo sería el que haya realizado la oferta más económica. No obstante, el particular puede utilizar otros criterios de selección, entre ellos, uno de los elementos más importantes de este concepto 2.0 del que venimos hablando en todo el libro, que son las **recomendaciones** que se pueden (y deben) tener asignadas en la ficha de perfil. En esta web, todos los participantes pueden ser valorados. El tiempo máximo para poner en marcha el proyecto tras el fin del periodo de subasta es de catorce días.

El registro como profesional en la web es un poco más extenso, ya que, además de los datos de la persona de contacto, se incluye la información de la empresa y los datos profesionales. Este servicio, totalmente gratuito para el particular, supone para el profesional que llega a conseguir el trabajo una pequeña tarifa que se sitúa entre el 2% y el 4% del precio final resultante. No hay cuotas, porque solo se realiza ese pago si se consigue un trabajo. Además, en el año 2011 como anuncian en su página principal, no hay pagos y su utilización es totalmente gratuita.

Las ofertas existentes son a escala nacional y pueden consultarse a través del mapa visual de provincias o por categorías. Igualmente, el profesional puede activar un servicio de alertas en formato boletín periódico a través del cual podrá estar plenamente informado de los nuevos trabajos publicados.

En estos momentos se contemplan trabajos de diferentes tipos como puede ser desde «cambio de puertas por otras de mayor altura» o «realizar plancha dos horas a la semana», pasando por una «instalación eléctrica», hasta llegar a una posible «reforma integral de una vivienda». Todos ellos se organizan ya en unas veintisiete categorías, algunas de las cuales aún están vacías y que quedan reflejadas en la figura 44.

Figura 44. Categorías profesionales contempladas en Acepto

Albañilería	Jardinería y Paisajismo
Contabilidad y finanzas	Seguros
Deportes	Servicios de limpieza
Estanterías	Servicios informáticos
Fontanería y Lampistería	Servicios lingüísticos
Fotografía, Imagen y Sonido	Turismo y Hostelería
Hobbies y Ocio	TV y Telecomunicaciones
Instalaciones y energías	

HERRAMIENTAS VIRTUALES PARA BUSCAR OFERTAS

¿Hay algún lector que en su trayectoria profesional, por corta que haya podido ser, no haya participado en algún proceso tradicional de selección? La respuesta seguramente será negativa, ya que desde que entramos a formar parte del mercado laboral este proceso nos acompaña y, ahora más que nunca, con el cambio de situación actual existente, es un proceso que deberemos asumir en diferentes ocasiones.

Lo que resulta quizás más curioso destacar aquí es que cada vez se producen menos entrevistas y que lo que resulta más difícil es poder llegar a ellas. ¿Y por qué? Pues básicamente porque los sistemas, procesos y tendencias que en tiempos pasados nos acercaban a su realización han cambiado y evolucionado mucho e incluso revolucionado el sector en un periodo realmente muy corto de tiempo, que podríamos fijar en tan solo en unos diez o doce años.

Buscar trabajo, una tarea que evoluciona constantemente

No hay que olvidar que el hecho de buscar trabajo es todo un trabajo, valga la redundancia, sea cual sea nuestra situación actual. Lo que sí es cierto es que hoy en día y a diferencia de otras generaciones pasadas como la de nuestros padres sin ir más lejos, en este proceso adquiere mucha relevancia el hecho de tener trabajado desde siempre y no solo para la ocasión concreta, nuestro **capital social** además de nuestro **capital humano** y, sobre todo, conocer los nuevos procesos que Internet y las nuevas tecnologías han introducido. ¿Y por qué? Porque es un proceso muy vivo y, como decíamos hace un momento, en constante evolución, a veces, a una velocidad realmente de vértigo.

Son varias las fases que hemos podido vivir ya muchos de nosotros en estos últimos años que nos han hecho pasar casi de un lado a otro. El cambio más importante lo introdujo Internet. ¿Las recordáis? ¿Podríais diferenciarlas claramente?

Vamos a intentar hacer una breve reconstrucción. Hace un tiempo, y no tanto, una de las actividades más tradicionales del fin de semana, y sobre todo de los domingos por la mañana, de algunos de nosotros era comprar o consultar los suplementos de empleo de las ediciones dominicales de los periódicos impresos. Unos periódicos que, en esa época, había que ir a buscar al quiosco, si me permitís la expresión, "con carretilla" por la gran cantidad de ofertas de todo tipo que se publicaban. Hay muchos ejemplos, pero para destacar algunos de manera rápida, quizás en el área de la ciudad de Barcelona el más representativo era *La Vanguardia*, en Madrid, *El País* y, por supuesto, sin olvidar el suplemento *Expansión&Empleo,* los sábados, con ofertas de ámbito más empresarial y publicado por el periódico económico de color salmón *Expansión.* Y tras consultar las ofertas y encontrar aquellas que nos pudieran llegar a interesar, empezaba todo un proceso de requisitos basados en el envío, normalmente por carta postal, del *curriculum vitae* impreso con la correspondiente carta de presentación manuscrita. Un primer cambio en esta manera de proceder nos lo encontramos con el paso del tiempo, cuando en los mismos anuncios ya se empezó a sustituir la dirección postal por la dirección de correo electrónico donde enviar la correspondiente candidatura, hecho que nos permitió reducir en gran medida todos los procedimientos estrictamente basados en los sobres y sellos.

Un paso más adelante se produjo con la introducción, o quizás mejor llamarlo, popularización de Internet en el ámbito laboral. Hay muchos ejemplos, pero si hacéis un poco de memoria, recordaréis probablemente cosas como que a finales de los noventa y principios del nuevo siglo se empezaron a crear las versiones web especializadas de las citadas publicaciones periodísticas como por ejemplo el actual www.yaencontre.com/empleo (que en sus orígenes fue http://empleo.clasificados.es) para *La Vanguardia,* http://empleo.elpais.com para *El País* o www.expansionyempleo.com para *Expansión*; las consultoras de selección permitían visualizar también a través de su web las ofertas disponibles e, incluso, dejar el currículo para futuros procesos; algunas empresas clientes empezaron a crear su propio espacio laboral en su web corporativa; y por supuesto, llegaron los portales virtuales de empleo. El 1 de abril de 1998, por poner sólo un ejemplo, nació el conocido InfoJobs como un servicio para optimizar tanto los procesos de selección como la búsqueda de los candidatos.

Otra incorporación tecnológica en este área la protagonizó, en septiembre de 2008, el diario de información general *Público*, que, a través de su alianza con el portal virtual de carácter internacional Monster (www.monster.es en su versión española), introdujo la tecnología móvil en la búsqueda de trabajo, combinando la filosofía web y la recuperación del papel. A través de un suplemento impreso de unas cuarenta y ocho páginas llamado *Día T*, cuya cabecera podéis ver en la figura 45, todos los lunes el periódico incorporaba más de dos mil referencias a posibles ofertas de empleo en formato de anuncio clasificado y ordenadas por categorías. El poder acceder a la necesaria información descriptiva de la oferta seguía siendo por Web, pero como novedad también incorporaba la inmediatez y rapidez del **SMS**.

Figura 45. Cabecera del suplemento Día T del periódico Público

A principios del 2010, vivimos una nueva prueba tecnológica. Con la tímida llegada, porque aún no podemos decir popularización, de los **códigos QR**, la consultora de Recursos Humanos Michael Page fue la primera empresa en nuestro país que decidió probar a publicar sus ofertas de empleo en el suplemento dominical en papel de *La Vanguardia* exclusivamente con esta imagen codificada tal y como refleja la figura 46. Esta aún novedosa manera de publicar las ofertas que luego fue parcialmente modificada para incluir también el texto sólo puede leerse y, por tanto, descodificarse con teléfonos móviles «avanzados» (también llamados ***smartphones***) y su correspondiente programa lector que se puede descargar gratuitamente por Internet. ¿Innovación? ¿Anticipación a los tiempos actuales? Todo depende, como siempre, de la mentalidad con la que se mire. Lo que es cierto, como ya hemos ido viendo a lo largo del libro, es que las nuevas tecnologías han entrado en el mundo laboral para quedarse y más nos vale tener ganas de experimentar y aprender nuevos procesos si queremos estar en él. Más que nada porque la generación que nos sigue ya convive perfectamente con ellas y, lo que es más importante, le suponen un reto interesante y atractivo.

Figura 46. Reproducción de anuncio en código QR publicado por Michael Page

Y llegando al final de este mini recorrido histórico, o lo que es lo mismo, al momento actual, ya hace tiempo que estamos inmersos en la utilización plena de una mentalidad de tipo colaborativa y de potenciación más que nunca de las redes de contacto personales y profesionales (lo que ya hemos llamado antes *networking*).

Dos son los elementos que vale la pena destacar. Por un lado, el hecho de intentar conseguir que el trabajo de buscar trabajo se simplifique y nos ahorre tiempo. En una frase, conseguir que «sea la web la que trabaje para nosotros y no nosotros para ella», llevando la sindicación de contenidos a este terreno y, por el otro, el predominio actual y de manera totalmente inesperada de la curiosa y aún muy desconocida para muchos herramienta de *microblogging* llamada Twitter, que ya hemos ido mencionando en alguna ocasión y que veremos extensamente en este último capítulo. Igualmente, añadiremos una breve referencia a tendencias ¿futuras? que ya son toda una realidad en otros países.

Las RSS, hacer que la web trabaje (y se avance) para nosotros

Internet nos aporta mucho. A veces incluso, si me lo permitís, demasiado, sobre todo si no sabemos seleccionar y organizar la información que queremos recibir.

Precisamente, una de las variables que caracterizan el proceso laboral es, sin lugar a dudas, esta información. Lo hemos dicho y lo repetimos, la información es poder. Y por tanto, ser los primeros en disponer de ella, sin lugar a dudas, supone un interesante elemento de valor añadido. Para clasificarla, existen algunos sistemas más tradicionales que ya incorporan los diferentes portales de empleo y otras páginas web como las redes sociales-profesionales que hemos visto antes. Uno destacable serían las alertas temáticas específicas. Pero cuidado, hay que saber crearlas y configurarlas con suficiente criterio. De otro modo, nos podemos llegar a encontrar con un verdadero bombardeo de correos electrónicos, eso sí, todos de tema laboral, que igualmente nos sobrepasarán.

No todas las webs tienen creado este servicio de alertas. Y además, hay otras que apuestan por otros sistemas con versión más cercana al 2.0 y que permiten igualmente, pero de una manera más avanzada, el que, como hemos dicho, sea la web la que trabaje para nosotros y no al contrario. Es la llamada sindicación de contenidos que se basa en el estándar RSS, aunque hay otros.

Este servicio, de uso gratuito, que nos permite estar suscritos a aquella información de nuestro interés, se está incorporando al mundo de la empresa y, en consecuencia, al ámbito laboral.

Aunque son varios los ejemplos que ya existen en nuestro país sobre el tema, nos gustaría destacar el de la página web de TMB–Transports Metropolitans de Barcelona (www.tmb.cat), que ya lo tiene plenamente incorporado, como podéis ver en la figura 47, en la parte lateral del apartado llamado «*Treballa amb nosaltres*» («Trabaja con nosotros»). Activándolo, se podrá recibir automáticamente cualquier vacante publicada en dicha sección.

Figura 47. Sección «Treballa amb nosaltres» de la web de Transports Metropolitans de Barcelona (TMB)

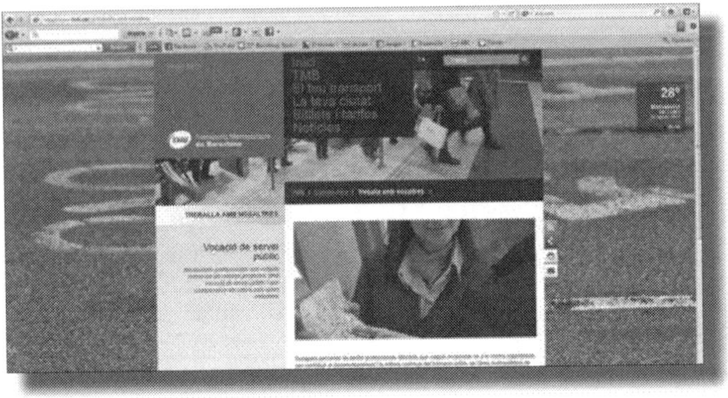

Twitter, la herramienta virtual que parece que lo está revolucionando todo

Una curiosa palabra para denominar todo un fenómeno social que está traspasando sus fronteras y objetivos iniciales basados en el hecho de disponer de un sistema de comunicación rápido y fácil de usar para estar constantemente conectados con el mundo. Esta novedosa herramienta de *microblogging* creada en San Francisco, en el mes de marzo de 2006, por una pequeña *start–up* llamada Obvius, nació como un proyecto interno y actualmente, desde su lanzamiento en octubre de ese mismo año, está revolucionando toda nuestra comunicación personal y haciéndose un hueco muy importante en la profesional y sobre todo en los procesos laborales.

Aunque hay quien la considera ya una de las redes sociales más potentes del momento, sus creadores —entre los que está Jack Dorsey— insisten en que es y será siempre una herramienta de comunicación. Se han oído incluso voces que predican que Twitter puede llegar a convertirse en el sistema de chat de la nueva y futura **Web 3.0** basada en la **web semántica**. Su web de acceso, cuya página principal podéis ver en la figura 48, es http://twitter.com.

Figura 48. Página principal de Twitter

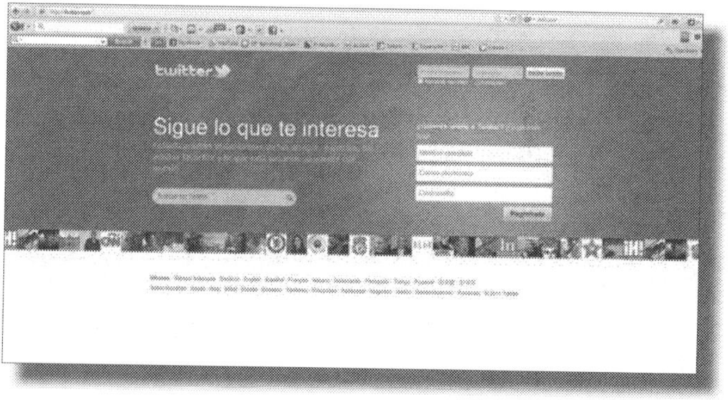

Hasta noviembre de 2009, solo estuvo disponible en inglés y japonés, hecho que junto a su peculiar uso inicial que podríamos definir como de total egocentrismo (y que nadie se ofenda, ¡por favor!), es decir, ir diciéndole a todo el mundo lo que se hacía en cada momento del día, provocaron que hasta esa fecha, en la cual de manera altruista se tradujo al español, la empresa española no lo viera como la potente herramienta que realmente es. Igualmente, su peculiar vocabulario para el cual inicialmente parece necesario tener que realizar un máster (algunos ya sabéis a que me refiero) tampoco ayudaron mucho.

La aplicación presenta una triple combinación:

1) Filosofía de blog. Disponer de un espacio propio en la Red con el que comunicarse periódicamente –de hecho (casi) diariamente– con los demás. En el blog las entradas o mensajes se llaman **post** y aquí *tweets*.
2) Metodología SMS. Los mensajes lanzados sólo pueden tener ciento cuarenta caracteres.
3) Mentalidad de red social. Si las comunicaciones son interesantes se consigue que la gente nos siga y "escuche" constantemente los "gorjeos" publicados, siendo esta última palabra una muestra más de su curiosa denominación. El logo de Twitter es un pájaro y hay que "actuar" como tal.

Realmente su funcionamiento es muy sencillo y de momento totalmente gratuito, siempre y cuando se utilice el servicio a través de la web para lanzar las diferentes comunicaciones. Para formar parte de Twitter hay que registrarse y crear un perfil. Y a partir de ese momento, enriquecerlo de dos posibles maneras. Por un lado, escribiendo esos mensajes cortos que puedan resultar de interés para la comunidad, teniendo en cuenta que a no ser que los privaticemos son públicos en todo momento y se muestran abiertamente pudiendo llegar a los más de doscientos millones de usuarios que ya utilizan la plataforma. Pueden escribirse a través de la web, con el teléfono móvil, con programas de mensajería instantánea y otras muchas aplicaciones.

Como decíamos, si conseguimos que sean lo suficientemente interesantes y, por tanto, aporten algo, empezaremos a ser seguidos o, lo que es lo mismo, a tener seguidores (llamados *followers* en su lengua original).

El mejor consejo que podemos daros es apostar por la especialización. Nunca podréis hablar de todo, así que lo mejor es que os puedan llegar a reconocer como «expertos» en algún tema. Y por el otro, el trabajo inverso, que seamos nosotros los que realicemos esa búsqueda activa y sigamos, es decir, hagamos *following* de las personas o, incluso, de las empresas e instituciones con perfil activo que pueden proporcionarnos información relevante y a veces exclusiva, encontrando entre ella en el que sería el ámbito principal de este libro, las ofertas de trabajo.

En nuestro país aún queda mucho camino por recorrer. No pasa nada, es cuestión de tiempo. Pero si una cosa podemos afirmar es que uno de sus principales valores es el poder llegar a encontrar todo tipo de perfiles e incluso sectores. No solo empresas, consultoras o portales, sino también personas individuales que se han posicionado ya en este entorno como verdaderos profesionales en la publicación de ofertas de empleo. De hecho, y no sé si os sorprenderá, pero ya existen diferentes listas *top* de las personas a las cuáles resulta casi imprescindible seguir según sea nuestro objetivo. Y la verdad es que son de muy diferentes tipologías. Inicialmente quizás eran las que tenían más peso en este mundo de Internet y las nuevas tecnologías pero poco a poco y con su evolución y sobre todo popularización, podemos ir encontrando referentes en casi cualquier sector. ¿Un ejemplo para conocer vacantes laborales tecnológicas? Pues sin lugar a dudas, os recomendamos visitar el perfil de @currofile (Marina Zaliznyak) y, en extensión, el de su empresa @wiseri que podéis ver en la figura 49, creada tras dos años de dedicarse altruistamente a poner en contacto candidatos y empresas. Tras el éxito de currofile, ha dado a luz a www.wiseri.com, una empresa que ofrece un nuevo modelo de negocio en el sector de búsqueda y selección. Algunas voces ya la llaman cariñosamente, «el hada madrina del empleo» o «la celestina entre candidatos y puestos de trabajo». Su labor, prácticamente 24x7x365, es realmente destacable (y eso os lo puedo asegurar personalmente).

Figura 49. Página principal de los perfiles de Twitter de @currofile y @wiseri

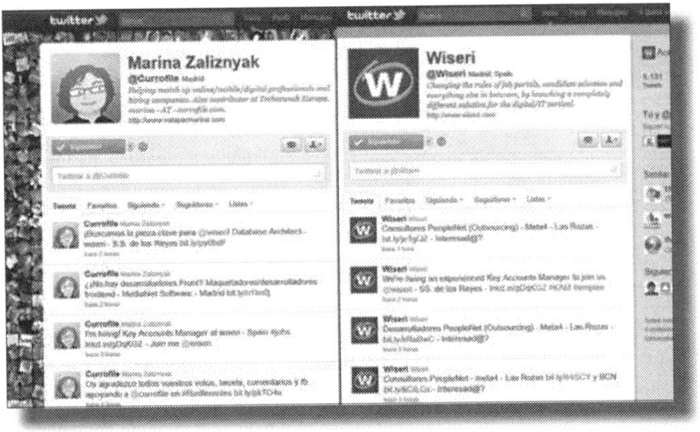

Precisamente ese puede llegar a ser el principal problema según todas las tendencias. Pensad que se ha pasado de cinco mil mensajes al día en 2007 a la espectacular cifra de 200.000.000 de mensajes al día en 2011 y, por supuesto, aumentando. Y eso hace más difícil la búsqueda estratégica de cuentas a seguir.

Pero afortunadamente todo problema tiene su solución y siguiendo con el exponencial crecimiento de Twitter ya existen muchísimas aplicaciones que nos ayudan a buscar y filtrar los *tweets*. Nuevamente hablando de cifras, deciros que en julio de 2011 se superó el millar de ellas mientras que hace un año solo existían ciento cincuenta mil. Y la suerte es que algunas de ellas ya están específicamente enfocadas al mercado laboral. Aunque es cierto que la mayoría, como TweetMyJOBS (www.tweetmyjobs.com) o TwitHire (http://twithire.com) están aún muy centradas en el mercado americano y solo disponibles en inglés, ya podemos encontrar alguna en nuestro idioma que además ya es utilizada por alguna de nuestras empresas. ¿Ejemplos?

Tweetempleo

Motor de búsqueda desarrollado por la empresa francesa Recrutae en 2009. Recopila todos los *tweets* que incorporan etiquetas (llamadas *hashtags*) relacionadas con la búsqueda de empleo en Twitter. Entre ellas, tenemos algunas como #empleo #trabajo o #job. Su web de acceso, cuya página principal podéis ver en la figura 50, es: www.tweetempleo.com.

Figura 50. Página principal de Tweetempleo

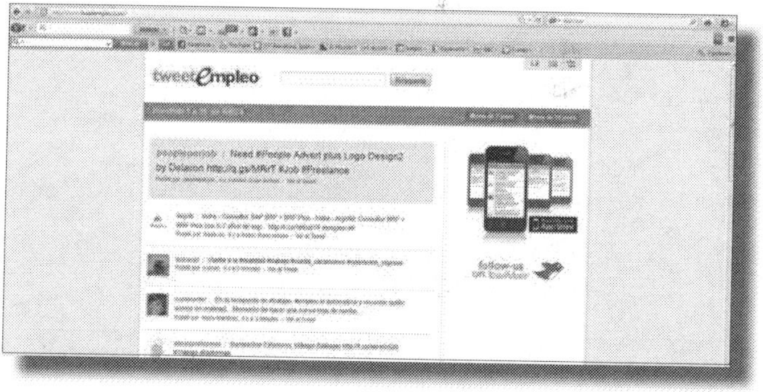

De uso totalmente gratuito, tiene versión en francés (a través de la cual se facilitan datos oficiales que indican que indexa más de doscientos veinticinco mil mensajes), inglés (indexando más de siete millones) y español (con más de ciento diez mil indexados). Además, desde octubre de 2010, y adaptándose a los tiempos que llegan, dispone de versión para el iPhone.

Twitjobsearch

Buscador de trabajo desarrollado por la compañía británica WorkDigital Ltd. en 2009. Permite buscar pero también ofertar trabajos de una manera muy rápida y sencilla. Su interfaz, que podéis ver en la figura 51, sólo está en inglés y es realmente muy limpia y con un claro parecido a Google. Además, refleja en todo momento el número de nuevos mensajes laborales incorporados en el último mes e incluso en la última hora. Una cifra que, como veis en la imagen inferior, es ciertamente interesante, ¿no? Su web de acceso es www.twitjobsearch.com.

Figura 51. Página principal de TwitJobSearch

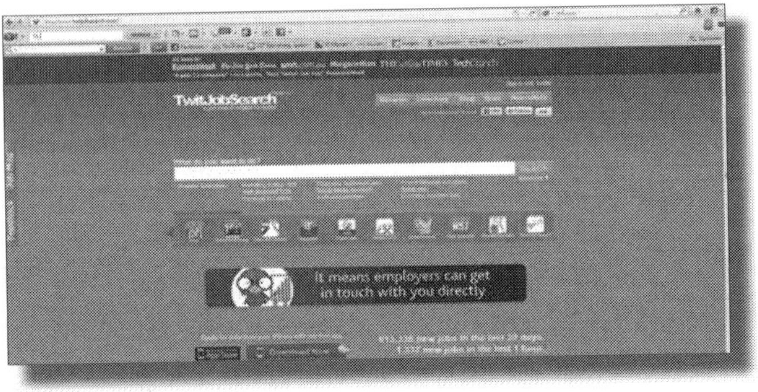

La búsqueda de ofertas no requiere obligatoriamente un registro en la web, aunque no deja de ser recomendable. ¿Y por qué? Porque te permite complementar y enriquecer tu perfil que ya debe existir, eso sí, en el Twitter original, y que el sistema buscará, localizará e integrará, con elementos de interés como pueden ser tu perfil público en Linkedin, la posible dirección web de tu currículo online o, incluso, una videopresentación personal.

En la caja de búsqueda que responde a la pregunta *«What do you want to do?»* hay que introducir *tags* clave relativas al sector, ciudad o incluso salario deseado. El resultado de esta operación es una lista de todos aquellos *tweets* que están almacenados en la aplicación, pero solo de tipo laboral, que las contengan. Y cada uno de ellos, está identificado con el nombre de la cuenta de la persona o empresa que lo ha publicado. Si nos interesa acceder a él para ver más información o seguirle, podemos hacerlo de una manera fácil y directa. Incluso, entrando con nuestro perfil, incorpora la posibilidad de activar nuestro Skype para ponerse en contacto con los posibles anunciantes.

Para ofertar trabajos sí que hay que identificarse. La publicación del anuncio se realiza de una manera prácticamente interactiva. El sistema va solicitando los campos necesarios para publicar el anuncio como son título de la oferta, país, ciudad, si ya está publicado en alguna otra web y, por tanto, su dirección y si no lo está, su descripción. Y por supuesto, con un coste cero.

*Una tendencia a valorar: el «*Twitpitch*»*

Que las empresas están empezando a buscar candidatos a través de Twitter y con los valores y características que defiende y potencia dicha herramienta podríamos llegar a decir que ya no es nada nuevo tanto en otros países como incluso en el nuestro. Una de las principales diferencias que ya incorporan las empresas pioneras es tener cuentas específicas para el área de reclutamiento y/o captación de talento. Esa cifra del 45% mencionada antes lo demuestra.

Existen ejemplos curiosos desde hace tiempo. Entre ellos, por ejemplo, los basados en el uso real de la aplicación por parte del usuario, como el publicado por la cadena de tiendas de electrónica de origen norteamericano Best Buy en 2009, en el cual buscaba contratar un director para su Departamento de Mercadotecnia en Medios Emergentes. Entre los requisitos imprescindibles, además de los que podríamos considerar más normales como titulación universitaria, se pedía tener un mínimo de doscientos cincuenta seguidores o *followers* en Twitter y un año de experiencia demostrable como usuario activo de blogs. Y los basados en la potencialidad de resumen de la información en la que Twitter se fundamenta. Ya sabéis, todo, ya sea el anuncio como la respuesta, debe saber (o aprender a) resumirse en ciento cuarenta caracteres. Un ejemplo también interesante fue el que realizó la agencia holandesa de marketing interactivo Energize, que no solo recluta a sus empleados a través de Twitter al poner sus anuncios, sino que los interesados únicamente pueden responder, presentar y defender su candidatura con un único mensaje también a través de este medio. Ante la necesidad de contratar dos profesionales para ampliar su plantilla, creó un formato de aplicación similar de *microblogging* con un espacio de texto en blanco a través del cual los candidatos debían resumir en un solo mensaje, más que su trayectoria profesional, el valor diferencial por el que consideraban que debían ser seleccionados incluyendo, además, su dirección y su usuario de Twitter. Y si se quería, aunque era totalmente opcional, se podía añadir como archivo el *curriculum vitae*. Evidentemente, y a diferencia del Twitter original, los mensajes que recibían eran totalmente privados.

¿Y cómo resumir toda nuestra trayectoria profesional, valores y características diferenciales en solo ciento cuarenta caracteres? ¿Estamos preparados? Realmente no parece fácil, porque estamos acostumbrados a sintetizar más bien poco. Solo hay que pensar que para muchos de nosotros las dos páginas máximas permitidas en un currículo tradicional ya parecen nada y menos. La cuestión es que, además, nuevas herramientas y tendencias de utilización de Twitter en el entorno laboral lo ratifican. E incluso a este especial resumen le han puesto un nombre específico. Es el llamado *«Twitpitch»*.

Esta adaptación del quizás más conocido ***speech elevator*** o discurso de ascensor se le atribuye al consultor de negocios y tecnologías de la información Stowe Boyd, quién se comenta (ver artículo en la bibliografía titulado "The Elevator Pitch is Dead. Introducing the Twitpitch") lo utilizó originalmente para ayudarse en sus reuniones con *start–ups* en la expo Web 2.0 de 2008. ¿Y qué debe incluir? Según el artículo publicado en febrero de 2010 en el portal iberestudios, que también os referenciamos en la bibliografía, éste debe incorporar solo lo esencial: titulación, empleo específico que se está buscando, complementos formativos y, sobre todo, algún elemento diferencial al resto de candidatos.

Para concluir este apartado, solo debemos añadir que España ha sido en el último año (2010) el país que ha experimentado un mayor crecimiento en el uso de Twitter. Su crecimiento de más del 151% y sus dos millones ochocientos mil usuarios reflejan la importancia creciente de esta nueva herramienta de comunicación en todos los ámbitos y, por supuesto, el laboral. No obstante, y aunque Twitter es la aplicación de *microblogging* líder en nuestro país, no queríamos concluir sin comentar que en absoluto es el único e incluso ya existen aplicaciones españolas. Quizás una de las más conocidas es Jaiku (www.jaiku.com) creada en febrero de 2006 por dos antiguos asesores de Nokia, Jyri Engeström y Petteri Koponen, en Helsinki, Finlandia. Y que en el mes de octubre de 2007 fue comprada por Google.

CONCLUSIÓN:
LA TECNOLOGÍA SIGUE AVANZANDO

En todo el libro hemos estado hablando (y presentando) los cambios de proceso y tecnológicos que en los últimos años han modificado y porque no decirlo, revolucionado nuestro mercado laboral. ¿Está todo explicado? Pues hay que decir que no. De hecho, este último apartado nace con la actualización del libro ya que en su primera edición (en noviembre de 2009), cuando realmente fue obra pionera sobre el tema en nuestro país, no hubiera sido aún posible. Mirando hacia atrás, se puede decir que en ese momento, Twitter se consideraba la herramienta más innovadora del momento siendo muy pocas las empresas que ya lo utilizaban desde su departamento de Recursos Humanos.

Lo que ya es una realidad es que las tecnologías siguen avanzando y en otros países, que ya sabemos que van a una velocidad más rápida que el nuestro, ya se empiezan a registrar herramientas más avanzadas que algunas empresas ya utilizan.

Solo dos breves ejemplos para que lo podamos ver y entender. Por un lado, presentaros brevemente el aplicativo *Jobs in Pods* (http://jobsinpods.com) que introduce en el mundo laboral la tendencia del *jobcasting* o, lo que es lo mismo, el proceso de combinar la publicación de ofertas de empleo con la tecnología de los ***podcasts.***

Según estudios realizados, la incorporación del audio (más incluso que el vídeo) se está posicionando como un medio más flexible, económico, rápido de publicar y de consumir por la proliferación de los ya comentados *smartphones*. En otros países, empresas como Intel, IBM, General Electric o Merck ya lo están utilizando. Y por otro lado, la utilización de la televisión. En los Estados Unidos ya existe un canal de televisión por cable cuya programación se nutre exclusivamente de anuncios televisados de empleo.

Nuestra conclusión sólo puede ser la siguiente: el mundo laboral ya no volverá a ser como antes. Lo que está claro es que los medios tradicionales utilizados para la publicación de ofertas de empleo no desaparecerán de la noche al día pero si es cierto que ya se están viendo reforzados y complementados por las posibilidades que ofrece la Web 2.0, las redes sociales y la tecnología móvil. Pero no os desaniméis ni asustéis. Sed curiosos y sobre todo, estudiar a qué velocidad y qué instrumentos empiezan a utilizar vuestras empresas de referencia, dado que normalmente quedan reflejados en sus páginas web corporativas. La investigación es esencial y, a partir de ella, actuad en consecuencia. ¡Mucha suerte a tod@s!

UN PEQUEÑO GLOSARIO PARA ESTAR SIEMPRE AL DÍA

Con la llegada de las (nuevas) técnicas, herramientas, recursos y tendencias que hemos visto en todo el libro, nuestro vocabulario se está empezando a modificar y, porque no decirlo, enriquecer con una gran cantidad de palabras que hay que empezar a conocer, entender y sobre todo incorporar a nuestra práctica diaria.

A continuación, y para facilitar vuestra tarea, os presentamos un pequeño glosario que recopila las más destacadas, todas ellas remarcadas, como hemos indicado al principio, **en negrita** a lo largo de todo el texto:

Activímetro. Denominación curiosa y específica que obtiene la barra de porcentaje que representa el volumen de información incorporada en los perfiles o cuentas de las redes sociales-profesionales. El intervalo se sitúa entre el 0 y el 100%. Una gran parte del trabajo a realizar se basa en la consecución del máximo grado posible.

Agregador. Sistema o programa informático que realiza funciones de recopilación de «titulares», ya sean noticias o mensajes de blogs, siendo ésta su versión más conocida, u ofertas de empleo de diferentes páginas web, siendo éste el caso que más nos interesa en este libro. Su utilización nos permite un considerable ahorro de tiempo en el proceso de búsqueda laboral.

Avatar. Representación gráfica basada en una foto real, un dibujo o un diseño creado específicamente, incluso en tres dimensiones, que permite poner o asociar una imagen a la actuación virtual de una persona humana. Cada usuario decide el grado de seriedad e identificación con la realidad que quiere utilizar.

Blog. Página web en formato de diario con enfoque personal o profesional que se nutre de las intervenciones por escrito de su autor, así como de los comentarios que otras personas pueden dejarle. Es considerada una de las herramientas por excelencia de la Web 2.0.

Bookmark. Aplicación virtual interna o externa que permite recopilar direcciones web de interés y construir, e incluso a veces compartir, un directorio de recursos digitales de fácil acceso.

Brainstorming. Metodología de trabajo en equipo que persigue el surgimiento de todo tipo de (nuevas) ideas sobre todo originales. No es posible censurar *a priori* ninguna de ellas. También llamado «lluvia» o «tormenta de ideas».

Capital humano. Conjunto de conocimientos, habilidades y experiencias que una persona adquiere a lo largo de su vida. Está siempre en constante crecimiento y actualización.

Capital social. Conjunto de personas que desde que nacemos pasan (y además algunas deberían quedarse) por nuestras vidas personales y profesionales. Debe ser especialmente tenido en cuenta y cultivado de manera continuada y progresiva.

CEO. Siglas del conjunto de palabras inglesas *Chief Executive Officer.* Representa el cargo más importante y elevado que una persona puede tener dentro de la dirección de una organización empresarial.

Código fuente. Conjunto de instrucciones o líneas en lenguaje informático que permiten ejecutar o instalar una determinada aplicación en un programa o recurso diferente al original.

Código QR. Sistema de almacenamiento de información de manera codificada creado por la compañía japonesa Denso–Wave en 1994. Resulta similar a un código de barras. Sus siglas suponen la abreviación de *Quick Response Barcode.* También llamado código BiDi.

CSS. Tecnología informática de estándar oficial que permite crear páginas web más precisas. Suponen una clara evolución al lenguaje **HTML**, ya que permite separar la parte técnica de programación de la parte gráfica y visual. Reciben también el nombre de «Hojas de Estilo en Cascada».

***Curriculum Vitae* 2.0.** Adaptación del currículo tradicional en papel. También llamado *curriculum online.*

Utiliza las herramientas interactivas que nos proporciona Internet y la Web 2.0 para mejorar y potenciar su contenido. Permite incluir referencias visuales y auditivas de nuestro trabajo. Resulta una versión muy adecuada para personas de profesiones creativas.

DHTML. Lenguaje de creación de páginas web que, en su día, supuso la primera posibilidad de crear *sites* interactivos. También llamado HTML dinámico.

Employer branding. Concepto de reciente creación para personalizar la tendencia que a través de la unión de las disciplinas del marketing y los recursos humanos tiene la función de potenciar la imagen y reputación corporativa y sobre todo laboral de una empresa.

Etiqueta personal. Frase personal e intransferible de entre cinco y siete palabras utilizada en el mundo de la gestión de contactos (*networking*) para dotarnos de identidad propia diferenciada.

Hipertexto. Sistema que permite enlazar y mostrar información digital adicional de manera no lineal. Acuñado por Ted Nelson, es el que utiliza la Web.

Homónimo. Palabra que se utiliza para identificar a una persona que comparte un mismo nombre y apellidos y realiza una actividad normalmente diferente a la de la persona «original».

HTML (referenciada en este glosario). Siglas de la expresión inglesa *Hypertext Markup Language* que definen el lenguaje primario basado en etiquetas utilizado para crear páginas web. Fue inventado por Tim Berners–Lee en 1990 con otros objetivos y acabó convirtiéndose en el estándar de la Web.

Identidad digital. Expresión que determina el conjunto de información (perfiles profesionales, noticias, referencias en blogs, etc.) que se puede encontrar en Internet sobre una misma persona. También recibe el nombre de «posición» o «rastro digital».

Infografía. Sistema de representación visual de la información textual. Proporciona una manera más agradable y amena de interpretar grandes cantidades de información. Está adquiriendo en los últimos tiempos una interesante relevancia por la influencia de su uso en Twitter.

Interfaz. Apariencia visual de una aplicación virtual que permite la interactuación entre el usuario que la está viendo y la máquina que la está acogiendo. Deriva del término inglés, *interface.*

Intermediación laboral. Concepto utilizado para definir aquellos procesos de selección de personal que se basan exclusivamente en la utilización de recomendaciones explícitas, que pueden ser de tipo económico o material.

Keyword. Término inglés que significa «palabra clave». Son palabras cortas e individuales que se utilizan para resumir y resaltar los conceptos más importantes y destacados, en este caso que nos ocupa, de una determinada persona.

Microblogging. Servicio que combina la filosofía de escritura libre del *blog*, la de la sintetización promovida por los mensajes de móvil y la del ámbito de las redes sociales. A través de *software* especializado, permite establecer con otras personas comunicaciones cortas (más o menos ciento cuarenta caracteres) y continuadas.

Mundo virtual. Reconstrucción del mundo real en un entorno tecnológico donde el usuario puede crearse su propia identidad virtual, sea semejante a la que ya le identifica o, por el contrario, totalmente diferente. La figura más utilizada para representarlo es el avatar.

***Plug–in*.** Complemento informático que se añade al programa original y permite mejorar sus funcionalidades iniciales.

Podcast. Archivo de audio que puede englobar diferentes tipos de contenido: noticias, música, entrevistas y, siendo el tema de este libro, ofertas de empleo. Se pueden escuchar desde la página web donde están alojados o incluso descargar y reproducir a través de un programa lector específico.

Post. Nombre específico que reciben los diferentes mensajes publicados en un blog.

***Premium*.** Versión avanzada y con cuota de pago integrada que presentan algunas plataformas y recursos virtuales. Éstas ofrecen a sus usuarios funcionalidades más extensas e, incluso, diferenciadas.

Realidad aumentada. Tecnología novedosa que combina información física y virtual. Utiliza recursos en tres dimensiones aportando interactividad y digitalización.

Recomendaciones. Referencias personales de terceros normalmente indicadas por escrito y asignadas a un determinado usuario que permiten enriquecer su presencia o su perfil virtual.

Redes (sociales o profesionales). Conjunto de personas unidas virtualmente mediante la utilización de una plataforma tecnológica específica con el objetivo básico de compartir información, conocimiento y recursos. Las hay de tipo social, enfocadas a hacer y recuperar «amigos» y de tipo profesional, para establecer preferentemente relaciones de trabajo y negocio.

RSS. Siglas de la expresión inglesa *Really Simple Syndication*. Estándar de sindicación de contenidos que utilizan algunas páginas web con actualización frecuente para hacer llegar la información de las novedades a sus usuarios suscritos. Utiliza tecnología XML. Funciona a través de un lector que se descarga en el ordenador o también puede ser consultable por web. Hay varios formatos pero los más conocidos son el RSS y el Atom.

Sindicación de contenidos (web). Sistema utilizado en algunas páginas web para hacer llegar de manera fácil las actualizaciones que se producen en el *site* a los usuarios interesados sin necesidad que éstos tengan que visitarlo constantemente.

Skype. Programa informático desarrollado por Janus Friis y Niklas Zennström en 2003. Permite la realización gratuita de «llamadas telefónicas» entre usuarios de cualquier parte del mundo que estén conectados a Internet.

Smartphone. Palabra específicamente creada para categorizar los teléfonos móviles de última generación o también llamados «inteligentes». Incorporan un conjunto de funcionalidades adicionales como acceso al correo electrónico o navegación por Internet entre otros.

SMS. Siglas del conjunto de palabras inglesas *Short Messages Standard* que describen una tecnología de raíz europea llegada en los años noventa del pasado siglo y usada principalmente a través de los teléfonos móviles para enviar pequeños mensajes por escrito.

Speech elevator. Metodología comunicativa de origen norteamericano que basa su fuerza en el resumen impactante del discurso. Inicialmente era solo utilizada por emprendedores que querían «vender» su producto o su idea a inversores en el tiempo que duraba un trayecto de ascensor y por ello también se conoce como «discurso de ascensor». En los últimos tiempos, se está observando su aplicación en el ámbito laboral.

Start–up. Denominación específica para una empresa de reciente creación que se suele basar en una idea innovadora y fuera de lo común y presenta muchas potencialidades de futuro. Suelen ser creadas por personas emprendedoras.

Subasta inversa. Modalidad de licitación específica en la cual el precio de salida del producto, en este caso, del trabajo, lo pone el cliente que publica el anuncio o el primer profesional interesado en pujar en él.

Tag. Palabra inglesa que indica «conceptos clave». Se utiliza como sinónimo de *keyword* o etiqueta y sirve para ordenar y clasificar mejor la información. Se presentan separados por comas.

Tweet. Mensaje corto de no más de ciento cuarenta caracteres publicado a través del servicio de *microblogging* Twitter. En otros servicios, su extensión puede variar. Sirve para actualizar nuestro estado y es visible por todos los usuarios de la plataforma si no indicamos lo contrario.

URL. Siglas del conjunto de palabras inglesas *Uniform Resource Locator.* Atributo (único) que determina la dirección–posición de una página web y de otros recursos utilizados en Internet.

Versión beta. Primera versión publicada de una aplicación web en la que aún se pueden encontrar ciertas deficiencias o posibles errores de funcionamiento que serán mejorados en un futuro cercano.

Vídeo tutorial. Manual explicativo sobre cualquier concepto o tema que basa su fuerza en la utilización del vídeo y visualización por la Red.

Web 2.0. Expresión específica acuñada por Tim O'Reilly en el año 2004 para englobar una nueva mentalidad de uso de la Red basada en la participación e interactividad de los usuarios. Es también llamada Web social.

Web 3.0. Denominación de uso avanzado de la web actual que potencia la introducción de la tecnología inteligente para aportar mayor contenido y conexión de datos. Se conoce también como Web semántica.

Web semántica. Sistema superior de web que introduce lenguajes universales para facilitar la interactuación entre usuario y máquina. Fue creada por Tim Berners-Lee. Es conocida como la Web de los datos.

Widget. Pequeño programa o aplicación tecnológica de instalación adicional en una página web o cualquier otro recurso online que proporciona servicios de valor añadido. Suelen estar diseñados por empresas externas.

Wiki. Sistema que permite la creación de webs abiertas que se actualizan o mejoran a través de la colaboración y participación directa de muchos usuarios, sin que estos deban tener grandes conocimientos informáticos. La aplicación más conocida es la *Wikipedia*.

World Wide Web. Expresión extendida de la conocida WWW creada en 1989 como forma o sistema de representar toda la información que existe en Internet. Se basa en el concepto de hipertexto y utiliza el lenguaje HTML. También conocida como «tela de araña mundial».

SELECCIÓN DE ARTÍCULOS

Aquí tenéis algunos de los enlaces a artículos referenciados en el libro para saber más (ordenados por fecha de publicación)

"Armas 2.0 para encontrar el empleo soñado"
Publicado el 29 de julio de 2011
Disponible en: www.expansion.com/2011/07/28/empleo/mercado–laboral/1311873413.html

"Más del 50% de los españoles busca trabajo en las redes sociales"
Publicado el 13 de junio de 2011
Disponible en: www.pcactual.com/articulo/actualidad/noticias/8825/mas_del_50_los_espanoles_busca_trabajo_redes_sociales.html

"El Inem fracasa: los parados usan sus contactos e Internet para buscar empleo"
Publicado el 11 de diciembre de 2010
Disponible en: www.expansion.com/2010/12/11/economia/1292023557.html

"El 49% de las empresas utiliza las redes sociales para seleccionar personal (Estudio Unique)"
Publicado el 6 de septiembre de 2010

Disponible en: http://archivo.expansionyempleo.com/2010/09/06/desarrollo_de_carrera/1283771439.html

"Las redes profesionales ya son utilizadas por el 51% de los usuarios de Internet (Estudio Adecco)"
Publicado en marzo de 2010
Disponible en: www.adecco.es/_data/NotasPrensa/pdf/211.pdf

"¿Qué es el Twitter Pitch?"
Publicado el 15 de febrero de 2010
Disponible en: http://noticias.iberestudios.com/¿que–es–twitter–pitch/

"Claves para no perder el control en su red social"
Publicado el 5 de junio de 2009
Disponible en: www.expansionyempleo.com/2009/06/05/desarrollo_de_carrera/1244218502.html

"The Elevator Pitch Is Dead. Introducing the Twitpitch"
Publicado el 6 de mayo de 2008
Disponible en: www.stoweboyd.com/post/934649899/the–elevator–pitch–is–dead–introducing–the–twitpitch

"Cómo elaborar un videocurriculum profesional"
Publicado el 17 de febrero de 2008
Disponible en: www.upct.es/seeu/empleo/ficheros/55videocurriculum.pdf

"Infoempleo 2.0, un escaparate para el talento profesional"
Publicado el 25 de noviembre de 2007
Disponible en: infoempleo.wordpress.com/2007/12/18/infoempleo-20-un-escaparate-para-el-talento-profesional/

Las direcciones web de *Empleo 2.0*

¿Quieres tener las herramientas presentadas a mano? El equipo de ProyectosTIC te proporciona esta práctica guía resumen con las principales direcciones web vistas en el libro:

- HERRAMIENTAS PARA ALOJAR EL *CURRICULUM VITAE*

Easy–CV: www.easy–cv.es
VisualCV: www.visualcv.com
Razumé: www.razume.com
Mycvbook: www.mycvbook.com
Express–CV: www.express–cv.com
PdfCV: http://pdfcv.com

- PÁGINAS WEB PARA PRACTICAR LA ENTREVISTA DE TRABAJO

Whohub: www.whohub.com
Jobaria: www.jobaria.com
Ventrevista: www.ventrevista.com

- PORTALES PARA CREAR–ALOJAR EL *VIDEOCURRICULUM* Y GRABAR OFERTAS

Videocurriculum Digital: www.videocurriculum.es
Tumeves: www.tumeves.com
En Tenerife: tenerife.tumeves.com
En Las Palmas: laspalmas.tumeves.com
En Murcia:: murcia.tumeves.com
En Alicante: alicante.tumeves.com

FuturaCV: www.futuracv.com
Video Curriculum–OnLine: www.videocurriculum–online.com

- REDES PARA CREAR PERFIL PROFESIONAL ONLINE

Linkedin: www.linkedin.com
Xing: www.xing.com
Viadeo: www.viadeo.com
Facebook–España: www.facebook.es
Beknown: www.beknown.com
InTheDoor: www.inthedoor.com
BranchOut: www.branchout.com
Google Plus: https://plus.google.com
Job and Talent: www.jobandtalent.com
Recruiting Erasmus: www.recruitingerasmus.com

- HERRAMIENTAS VIRTUALES PARA FOMENTAR EL AUTOEMPLEO

Qapacity: http://qapacity.com/es
Vitaevision: http://vitaevision.com
Acepto: www.acepto.es

- EL *MICROBLOGGING*, TWITTER Y SUS APLICACIONES LABORALES

Twitter: http://twitter.com
Tweetempleo: www.tweetempleo.com
Twitjobsearch: www.twitjobsearch.com

Made in the USA
Monee, IL
05 November 2026

67386719R00088